GlückSelig

Kolophon

GlückSelig
Er-Innern, wer Du wirklich bist
Marie-Claire van der Bruggen

www.gluckselig.nl

Erste Ausgabe: Juni 2015
Zweite Ausgabe: September 2018
Dritte Ausgabe: November 2022
Vierte Ausgabe: Februar 2025

Übersetzung: Inge Privée, Anelan Grigorieff
Korrektorat: Uta Beutel
Illustrator: Tom van der Bruggen

Verlag: ZielsGelukkig

ISBN-Nummer: 978-94-6203-779-3
NUR: 720

GlückSelig

Er-Innern, wer Du wirklich bist

Marie-Claire van der Bruggen

Inhalt

Das Glück liegt nicht in den Dingen selbst,
sondern darin, wie Du sie siehst und erfährst.

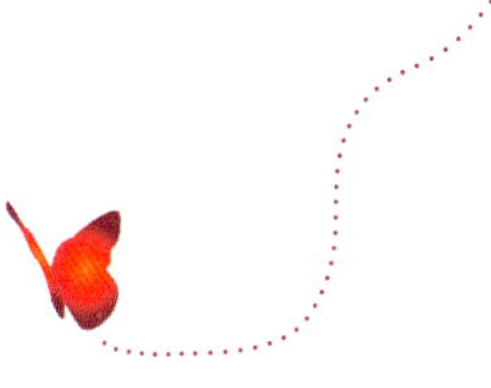

Vorwort

Liebe Leserinnen und Leser,

Weisheit und Liebe leben überall. In Dir und um Dich herum. Ob Du es nun fühlst oder nicht, ob Du es nun siehst oder nicht, sie sind immer da. Sie sind geduldig anwesend in dieser wunderbaren Welt, in der wir leben. Sie sind immer anwesend in Deinem eigenen Herzen, dem Tor zu Deiner Seele.
Weisheit und Liebe können unversehens Dein Leben bunt machen und bereichern. So wie jetzt, weil Du ein besonderes Buch in den Händen hältst. Ein besonderes Buch, das auch nur so auf einmal in mein Leben kam. Ich hatte die Ehre, es als eine der ersten zu lesen und das Vorwort dazu schreiben zu dürfen.

Marie-Claire entpuppt sich neben den vielen anderen Talenten, die sie hat, mit diesem Buch als wahre Geschichtenfrau, eine Frau, die "weiß". Eine Frau, die schon einige Zeit auf das Flüstern des Universums und die Sprache der Seele hört.
Die deutliche Auslegung und Weisheit in diesem Buch haben zur Folge, daß Du es in einem Atemzug auslesen willst. Nach dem

Lesen dachte ich eben: was gibt es jetzt noch zu schreiben, alles, worum es geht, ist gesagt.
Lese es und teile es mit anderen.
Was *GlückSelig* in sich trägt, ist von groβem Wert. Wo Liebe ist, ist keine Angst.

Wo Mitgefühl ist, ist Liebe. Weisheit, Mitgefühl und Liebe erleuchten zusammen den Weg zu tiefer liegenden Intentionen der Seele. Wenn sie verstanden und gelebt werden, lebst Du das Glück der Seele als Mensch. Dann bringst Du den Himmel auf die Erde in Dir, durch Dich, als Du.
Die Tatsache, daß Du dieses Buch in den Händen hältst, zeigt, daß Du Dich öffnest für das Erfahren von noch mehr Weisheit, Liebe und Mitgefühl.
GlückSelig läßt Dich sehen, verstehen und fühlen, daß Du alles in Dir hast und eine starke Auslese machen kannst, jeden Moment aufs Neue. In jeder Situation aufs Neue.
Die Türen öffnen sich.
Laß Dich an die Hand nehmen von den magischen und alltäglichen Lehrern, denen Marie-Claire in *GlückSelig* das Wort überläßt. Bringe eventuell, wie ich es getan habe, die vielen Weisheiten und Einsichten, die gegeben werden, in Dein eigenes Leben ein oder laß Dich davon inspirieren, Deine eigenen "Lehrer" einzuladen. Überarbeite oder erneuere, wo nötig, Deine Perspektive und gib dem Glück Deiner Seele den Raum, den die Seele verdient.
Manchmal erfordert es ein bißchen Mut, aufs Neue nach dem zu schauen, wovon Du dachtest, daß es wahr war. Manchmal erfordert es ein bißchen Mut, erneut zu schauen nach den Entscheidungen, die Du in Deinem Leben triffst. Triffst Du sie aus Angst oder Liebe? Und wenn Du das erkennst, dann erfordert es

manchmal ein wenig Mut, sich erneut zu entscheiden, aber dann für die Liebe. Es ist mutig, die Liebe von innen herausströmen zu lassen, durch Dich hindurch, um Dich herum und überallhin, wohin sie will. Marie-Claire hat auf jeden Fall die Liebe strömen lassen auf jeder Seite dieses besonderen Buches.

In Liebe,

Mayana

Du mußt nicht anders werden.
Du mußt Dich nur
Er-Innern, wer Du
wirklich bist.

Dankeswort

Gerne möchte ich meinem lieben und treuen Führer Charion für seine bedingungslose Liebe und Geduld mit mir danken. Danke für Deine Hilfe beim Schreiben dieses Buches und für alle Inspirationen und Antworten, welche ich von Dir empfangen durfte. Es ist herrlich zu wissen, daß Du immer bei mir bist.

Natürlich auch vielen Dank an meinen lieben Mann und Kameraden Maurice und meine zwei phantastischen Kinder Koen und Tom. Fein, daß Ihr mich immer so ermutigt habt, weiterzumachen mit dem Schreiben. Ich bin GlückSelig mit Euch!

Auch möchte ich sehr gerne Inge, Anelan und Uta von ganzem Herzen für das Übersetzen dieses Buches danken. Ich hatte vollstes Vertrauen, daß Ihr das Gefühl und die Liebe hinter den Worten zu erhalten wissen würdet, und das habt Ihr mehr als wahr gemacht!

Zuletzt danke ich allen lieben Lesern, die einst reagiert haben auf *Das Märchen vom Tod*. Eure vielen besonderen und oft berührenden Reaktionen haben mich ermutigt, ein weiteres Buch in Deutsch herauszubringen.

Ich hoffe, daß dieses Buch Euch GlückSelig machen wird!

In Liebe und Licht,

Marie-Claire

Jeder hat seinen eigenen
eindeutigen Weg zu gehen.

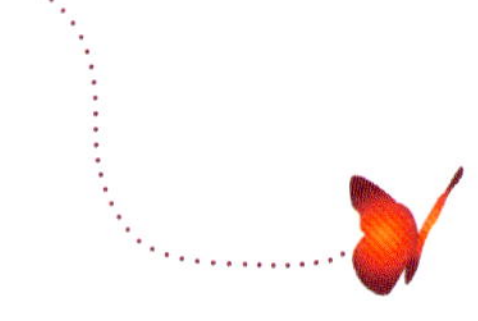

1
Heimweh

Ich habe mich immer anders gefühlt als die meisten Menschen. Oft war ich ein Außenseiter und hatte das Gefühl, daß ich hier auf der Erde nicht wirklich auf meinem Platz war. Tief von innen wußte ich sehr gut, wo ich eigentlich herkam. Einem sehr schönen und feinen Ort, den ich „Zuhause“ nannte. Da war alles gut und ich hatte oft Sehnsucht, wieder dorthin zurückgehen zu wollen. Aber eigentlich wußte ich, daß ich hier auf der Erde noch lange nicht alle meine Aufgaben erledigt hatte, also kämpfte ich mich einfach so durchs Leben. Oft wunderte ich mich darüber, daß Andere sich so aufregen konnten über bestimmte Dinge. Es schien, als ob keiner sich wirklich bewußt war, wer er wirklich war.

Ich wußte, daß ich eine Seele war in einem Körper und daß ich hier auf der Erde war, um Erfahrungen zu sammeln, damit ich als Seele wachsen kann. Mein Körper war hierfür nur mein Transportmittel. Wie ich an dieses „Wissen” kam, wußte ich eigentlich nicht, aber ich fühlte, daß es so war.

Als Kind war ich mir auch schon bewußt von einer Welt, die

Andere nicht wahrnehmen konnten und worin ich mich sehr wohlfühlte. Hier auf der Erde fühlte ich mich nicht wirklich zuhause. Ich hatte auch oft ein sonderbares Gefühl von Heimweh nach etwas, was ich nicht gut erklären konnte.

Dies fand ich sehr schwierig und oft „flüchtete" ich aus meinem Körper. Es passierte einfach so. Ich fühlte dann zum Beispiel, daß ich oben auf einem Schrank saß, und genoß auf diese Weise, alles betrachten zu können. Aber ich sah dann auch meinen Körper einfach noch im Wohnzimmer sitzen. In der Zeit bekam ich oft Besuch von Lichtwesen, die nur liebevoll anwesend waren. Das beruhigte mich sehr.

Als ich rund um die Zeit meiner Pubertät begriff, daß Andere diese Erfahrung nicht hatten, versuchte ich, sie auf die eine oder andere Weise zu blockieren und zu unterdrücken. Dennoch blieb ein starkes Gefühl von Einsamkeit und Heimweh in mir bestehen. Deswegen fühlte ich mich oft wie ein Außenseiter. Als ich dann älter wurde, begann ich, mich für das Spirituelle zu interessieren. Ich fing an, Bücher zu lesen und Kurse zu belegen. Auch lernte ich zu meditieren. Aber jedes Mal, wenn ich in eine tiefe Meditation fiel, bemerkte ich, daß ich meinen Körper verließ und daß es dann sehr schwierig war, wieder in ihn zurückzukehren. Ich fand das nicht angenehm und auch ein bißchen unheimlich. Aber tief von innen war da doch auch eine Art des Wiedererkennens: He, das hab ich schon mal erlebt. Aber ich konnte hiermit weiter nichts anfangen. Gleichwohl bekam ich immer häufiger das Gefühl, daß ich mehr war als nur mein Körper. Und langsam, aber sicher kam bei mir die Erinnerung daran wieder hoch, wer ich wirklich war und wo ich eigentlich herkam.

Ich fand es sehr schön, daß diese Erinnerung jetzt wieder da war, aber diese Erkenntnis machte es für mich auch noch schwieriger, mich an die grobe Energie dieser Welt anzugleichen. Es schien manchmal, als ob ich mich durch sehr zähen und ekligen Modder quälen müßte, um weiterzukommen. Auch fühlte ich oft Heimweh nach Zuhause und das machte es nicht einfacher. Kurz gesagt, konnte ich mein Leben hier auf der Erde nicht wirklich genießen und das erzeugte in mir stets mehr Widerstand.

Ich dachte oft: Was habe ich nun eigentlich davon, all die Erinnerungen an Zuhause zu haben. Es macht das Leben hier auf der Erde soviel schwieriger, weil der Unterschied so groß ist und ich dadurch nur noch mehr danach verlange zurückzukehren. Warum hab ich mich um Himmels willen dafür entschieden, Erfahrungen als Mensch sammeln zu wollen!

Ich liebe die Natur sehr und bin daher auch oft im Wald zu finden, wo ich lange Spaziergänge mache. Ich nehme wahr, daß dort die Energie von Zuhause viel besser zu fühlen ist, und ich finde es herrlich, mich daran aufzuladen. Es war während einer dieser Spaziergänge, daß etwas geschah, was mein Leben verändern sollte.

Das höchste Ziel im Leben
ist, GlückSelig zu sein.

2
Feline

Ich war schon ein paar Stunden im Wald umherspaziert, als ich zu einem schönen Teich kam. Er war voller Seerosen und anderer Wasserpflanzen. Hier und da dümpelte eine Ente herum und Du konntest die Frösche quaken hören. Ich sah eine Holzbank stehen und beschloß, mich eben hinzusetzen, um all das Schöne zu genießen. Die Sonne strahlte. Ich schloß meine Augen und ließ mein Gesicht von ihr wärmen. Es fühlte sich herrlich an und ich wurde ein wenig träge davon. Auf einmal fühlte ich, daß jemand neben mir saß. Seltsam, dachte ich, denn ich hatte niemanden kommen hören. Ich öffnete meine Augen und guckte zur Seite. Neben mir saß eine liebe, alte Dame, die mich schmunzelnd anschaute.
„Genießt Du den Sonnenschein?", fragte die Dame.
„Ja, genau, es ist ein herrliches Plätzchen hier. Ich bin gerade ein paar Stunden spazierengegangen und habe mich hingesetzt, um auszuruhen", antwortete ich. „Aber sitzen Sie hier eigentlich schon lange? Ich habe Sie gar nicht kommen hören."
„Nein, ich habe mich gerade gesetzt und kann sehr still sein", sagte die Dame mit einem geheimnisvollen Lächeln um ihren Mund. Ich fand sie schon ein bißchen seltsam und im gleichen

Moment, als ich das dachte, begann die Frau, schallend zu lachen.
„Hahaha, ja, das habe ich schon öfter gehört!"
Ich guckte erschrocken auf und dachte: Hab ich das jetzt laut ausgesprochen? Doch sicher nicht!
„Nein", sagte die alte Dame, „ich kann einfach Deine Gedanken lesen."
„Demnach kann ich alles, was ich denke, nicht vor Ihnen verborgen halten?", fragte ich erschrocken.
„Ja, das stimmt. Aber das ist doch nicht schlimm? Da, wo ich herkomme, ist das völlig normal. Das ist die Art und Weise, wie wir miteinander kommunizieren, und das ist sehr praktisch, das kann ich Dir versichern. Aber ich weiß auch, daß es hier nicht üblich ist und daß Du darüber ein bißchen erschrickst. Mein Name ist übrigens Feline. Ich kann nicht nur Deine Gedanken lesen, sondern weiß auch noch viel mehr von Dir."
„Wieso denn? Ich kenne Sie überhaupt nicht und ich habe Sie auch noch nie zuvor gesehen."
„Nein, aber ich kenne Dich wohl und ich bin schon eine ganze Zeit in Deiner Nähe."

Ich verstand kein einziges Wort und dachte, daß diese Dame schon recht durcheinander sein mußte, weil sie so viel Unsinn zum Besten gab. Wieder begann Feline zu lachen und ich wurde ein wenig rot. Kurz hatte ich vergessen, daß sie meine Gedanken lesen konnte. Feline sah meine Verwirrung und bekam etwas Mitleid mit mir. Sie drehte sich zu mir um und sah mir tief in die Augen. Mir wurde ganz warm davon. Auf einmal fühlte ich zu meiner Verwunderung eine enorme Liebe für diese Frau in mir aufsteigen. Ich wollte sie gerne umarmen und drücken und das machte mich ganz verlegen.

„Ich werde Dich nicht länger auf die Folter spannen", lachte Feline, als sie sah, was mit mir geschah. „Ich werde Dir erklären, wer ich bin und was ich hier tue, denn ich habe mich nicht nur so zufällig zu Dir gesetzt."

Ich guckte sie mit fragenden Augen an und wartete auf das, was jetzt kommen würde.
„Ich bin eigentlich ein Engel, der gekommen ist, um Dir zu helfen, Dein Leben auf der Erde etwas angenehmer zu gestalten. Ich weiß, daß Du Dich stets mehr daran erinnerst, wer Du wirklich bist und wo Du herkommst. Und wie Du mit dem Leben ringst und daß Du Dich hier eigentlich gar nicht zuhause fühlst. Ich weiß auch, daß Du manchmal entsetzliches Heimweh nach Hause hast und Dich das sehr traurig macht. Ich bin hier, um Dir zu helfen, das Leben zu genießen trotz Deines Heimwehs. Also, wie Du als Seele hier auf Erden GlückSelig sein kannst genauso wie Zuhause!"

Ich guckte Feline sprachlos an und fühlte, daß sie die Wahrheit sagte. Deshalb empfand ich gerade eben auch so viel Liebe für sie. Es war das Wiedererkennen der Energie von Zuhause, die sie natürlich umgab. Alles, was Feline mir gerade erzählt hatte, war genau das, wie ich mich fühlte. Einen Augenblick wußte ich nicht, was ich sagen sollte. Doch fand ich es noch etwas befremdlich und ich sagte: „Du sagst zwar, daß Du ein Engel bist, aber Du siehst ganz und gar nicht aus wie ein Engel!"
Feline antwortete: „Es kommt nur selten vor, daß wir als wir selbst erscheinen, und weißt Du auch, warum? Weil die Menschen dann nicht glauben werden, was sie sehen. Sie bekommen Angst oder denken, sie seien verrückt geworden. Darum nehmen wir

meistens eine menschliche Gestalt an. Dadurch können wir Euch besser erreichen. Wenn Du zum Beispiel ein Problem hast und begegnest jemandem auf der Straße, der Dir genau das sagt, was Dir die Lösung Deines Problems bringt, kann es sehr gut sein, daß Du mit einem Engel gesprochen hast. Du hast vielleicht auch schon die Liebe und die sympathische Ausstrahlung dieser Person gefühlt. Und dadurch warst Du empfänglich für den Hinweis. Aber wenn nun genau dieser Engel in vollem Ornat vor Dir stehen würde, dann würdest Du einen Riesenschreck bekommen und denken, daß Du Dir das alles nur einbildest.

Daß es nicht echt ist, wenn es sich auch sehr echt anfühlt. Was dieser Engel dann zu Dir sagen wird, wirst Du dann vielleicht nicht glauben können oder gar nicht richtig mitbekommen, weil Du so verblüfft bist. Darum erscheinen wir so gut wie nie in unserer wahren Gestalt, verstehst Du? Wir sind überall, aber meistens eben inkognito. Nicht, weil wir es selbst so wollen, sondern einfach, weil die Menschheit oft unser wahrhaftes Strahlen und unsere Liebe nicht ertragen kann oder will. Also, wenn Du durch eine überfüllte Stadt läufst, dann geh mal davon aus, daß zwischen all den Menschen hier und da auch ein Engel läuft. Und wenn Du dafür sensibel bist, dann kannst Du das auch sehen und fühlen. Du wirst sie dann erkennen. Wir können und wollen nämlich unser Strahlen und unsere Liebe nie gänzlich verbergen!"
Ich war einen Moment still von alledem und fand es wunderbar, was sie mir alles erzählte. Ich kannte das schon. Daß Du bei bestimmten Menschen etwas Besonderes fühlst. Es kann also schon sein, daß dies Engel waren. Ich mußte es eben auf mich wirken lassen, so beeindruckend fand ich es.

Feline guckte mich erwartungsvoll an und sagte: „Was hältst Du davon, hast Du Lust dazu, Dein Leben drastisch zu verändern? Dein mühsames und einsames Leben loszulassen und Platz zu machen für Freude und Spaß?"
Ein Glücksgefühl machte sich in mir breit und ich konnte nur hoffen, daß alles wahr würde, was sie mir erzählte. Ich verlangte danach, mein Leben auf der Erde in vollen Zügen zu genießen, nur ich wußte nicht, wie.
„Und dafür hast Du jetzt mich", lächelte Feline, die mal wieder meine Gedanken aufgefangen hatte.
„Ja", sagte ich verlegen. „Ja, ich möchte sehr gerne lernen, wie ich das tun kann!"
„Gut", sagte Feline, „dann werde ich Dir erzählen, was Dich alles erwartet. Bist Du bereit für die Reise Deines Lebens?"

„Äh, ja, ich glaube schon", antwortete ich, aber doch noch etwas unsicher. „Vertrau mir einfach und Du wirst sehen, daß sich eine ganz neue Welt für Dich auftut", versicherte mir die alte Dame. Und so beschloß ich, es dann doch einfach mal zu tun, und guckte sie erwartungsvoll an.

„Du wirst heute einige Engel treffen. In welcher Weise sie Dir erscheinen, hat damit zu tun, was Du in dem Moment gerade nötig hast. Aber weiß, daß es alles Engel sind. Der Eine wie der Andere. Sie werden Dir helfen, die Freude am Leben zurückzugewinnen. Geh gleich gemütlich weiter auf Deinem Spaziergang um diesen schönen und besonderen Weiher. Unterwegs wirst Du eine Anzahl Bänke vorfinden und auf jeder Bank findest Du einen Engel, der Dir etwas erzählen wird. Du darfst sie alles fragen, was Du willst. Sie sind da, um Dir zu helfen, und werden dies mit aller Liebe tun! Ich verabschiede mich jetzt von Dir. Wir werden uns später auf dieser Bank wiedersehen. Geh jetzt mal los und laß einfach alles auf Dich zukommen. Vertraue darauf, daß nur das geschehen wird, was für Dich das Allerhöchste und Allerbeste ist."

Ich stand auf und wollte Feline danken und auf Wiedersehen sagen, aber sie war schon weg. Einfach verschwunden ins Nichts.

Auf dem Weg nach Hause wirst Du alles
bekommen, was Du nötig hast.

3
Er-Innern, wer Du wirklich bist

Als ich mich von meinem Erstaunen erholt hatte, beschloß ich, einfach zu tun, was Feline mir gesagt hatte. Schon ein bißchen gespannt auf das, was kommen würde, setzte ich meinen Spaziergang fort. Nachdem ich eine Weile gelaufen war, sah ich in der Ferne wieder eine Holzbank, genau wie Feline es gesagt hatte. Ich sah auch, daß dort jemand saß, der mir fröhlich zuwinkte. Bei der Bank angekommen, sah ich überrascht, daß es jemand war, der mir sehr ähnelte. Es war, als ob ich in einen Spiegel sah. Dies ist doch kein Engel?, dachte ich bei mir. Doch dann mußte ich an Felines Worte zurückdenken: „Wie sie Dir erscheinen, hat zu tun mit dem, was Du in diesem Augenblick gerade nötig hast. Aber weiß, daß es alles Engel sind. Einer wie der Andere." Da mußte ich dann wohl darauf vertrauen.

Ein bißchen unsicher setzte ich mich neben „mich". Es fühlte sich so seltsam an, daß ich einen Lachreiz in mir hochkommen fühlte. Der Engel hat noch nichts gesagt, aber schaute mich amüsiert an. „Bißchen komisch, he, nur so eine Kopie von Dir selbst hier sitzen zu sehen", sagte er kichernd.

„Ja, das kann man wohl so sagen. Aber es wird bestimmt einen Sinn haben, oder?", fragte ich lachend.
„Das hat es sicher und gleich wirst Du begreifen, welchen. Ich bin hier, um Dir etwas zu erzählen über Dein Er-Innern, wer Du wirklich bist. Bist Du bereit?"
„Ja sicher!", antwortete ich und setzte mich gemütlich.

Der Engel begann zu erzählen. „Wer bin ich? Ich denke, diese Frage hat sich jeder schon einmal gestellt. Wenn Dich jemand fragt, wer Du bist, dann ist das erste, was Du in der Regel sagst, Dein Name. Aber im wesentlichen ist das natürlich nicht so. Du bist nämlich eine wunderschöne Seele, die hier auf die Erde kommt, um Erfahrungen zu sammeln in einem Körper mit einem bestimmten Namen. So ist es eigentlich der Name deines Körpers und nicht von dem, der Du wirklich bist. Das ist wohl was zum darüber Nachdenken, oder?"
„Ja, tatsächlich, so habe ich das bisher eigentlich noch nie gesehen", pflichtete ich ihr bei.
„Es ist sehr wichtig, daß Du Dir darüber im Klaren bist, daß Dein Körper nur eine Hülle ist. Er ist in Wirklichkeit Dein wunderschönes Transportmittel, um hier auf der Erde die Erfahrungen zu sammeln, die Du als Seele entschieden hast, machen zu wollen. Darum mußt Du auch sehr gut für Deinen Körper sorgen und lieb mit ihm sein. Es ist sehr wichtig, daß Du Dir darüber bewußt bist, daß Du nicht Dein Körper bist, sondern daß Du einen Körper hast!
Viele Menschen denken, daß sie die Rollen, die sie spielen, auch wirklich sind. Also Mutter, Vater, Tochter, Sohn, Beruf, usw. Sie haben sich damit identifiziert und haben vielleicht schon lange vergessen, wer sie wirklich sind. Ich denke, daß Dich selbst zu

fragen, wer Du bist, die wichtigste Frage ist, die Ihr Euch als Menschen stellen könnt. Menschen haben viel tiefere Schichten, als von außen wahrnehmbar ist.

Nach außen spielt Ihr alle nur eine Rolle. Jemand, der immer böse ist, kann hierdurch seine Unsicherheit verhüllen. Jemand, der oft lustig ist, will damit seine Traurigkeit verbergen. Ihr seid wie eine Zwiebel, die man schält, um letztendlich bis an den Kern der Existenz zu gelangen. Jede Lage bringt Dich tiefer und dichter zu Dir selbst. Du kannst dann endlich ein freies Leben führen. Dann wirst Du Dich erinnern, wer Du wirklich bist, eine strahlende Seele in einem wunderschönen Körper!"

Das ließ mich eben still werden. Was für prächtige Worte. Aber ich hatte noch so viele Fragen. Ich fragte: „Vielleicht ist es eine verrückte Frage, aber was ist eigentlich eine Seele?"
„Weißt Du", sagte der Engel, „Ihr kommt alle aus der gleichen Quelle. Ihr habt unterschiedliche Namen für diese Quelle: Gott, das Universum, das Ganze und noch viele mehr. Aber ich nenne diese Quelle Gott. Eine Seele ist somit eigentlich ein Teil von Gott, der hier auf der Erde Erfahrungen sammelt, welche er nur in einem physischen Körper sammeln kann." „Aber warum sollte eine Seele das wollen?" fragte ich. „Warum bleibt sie nicht gemütlich zu Hause und sammelt dort Erfahrungen? Es ist da doch viel schöner!"
„Eine Seele möchte sich selber immer weiter entwickeln und am Wachsen bleiben. Das ist ihre Natur. Natürlich geht das auch Zuhause, aber auf der Erde geht das viel schneller. Das kommt, weil auf der Erde Dualität herrscht, und davon kannst Du als Seele sehr viel lernen.

Einfach gesagt: Wo Ihr ursprünglich herkommt, da gibt es nur Licht und Liebe. Und weil Ihr gerne erfahren möchtet, was es bedeutet Licht und Liebe zu sein, kommt Ihr auf die Erde. Das Licht einer brennenden Kerze kommt nicht zur Geltung an einem Ort, wo schon Licht ist. Mit anderen Worten, an einem Ort, wo alles schon Licht ist, kann eine Seele nicht erfahren, was es bedeutet, Licht zu sein.

Die Erde ist ein sehr geschickter Ort, um genau zu erfahren, wer Ihr wirklich seid, nämlich Licht und Liebe! Aufgrund der Dualität auf der Erde könnt Ihr Gegensätze erfahren und Euch stets mehr dafür entscheiden, Licht und Liebe zu sein. Gerade aufgrund des Bestehens dieser Dualität kannst Du erfahren, was es bedeutet, ein Licht im Dunkeln zu sein. Mit Hilfe des freien Willens kannst Du Dich jederzeit entscheiden für Dunkelheit oder Licht."

„Aber warum sollte sich eine Seele für die Dunkelheit entscheiden?" fragte ich verblüfft.

„Eine Seele geht auf die Erde unter Beibehalt ihres freien Willens, also nichts steht vollkommen fest, nur in groben Zügen. Das bedeutet, daß die Seele alles erfahren kann und darf, was sie will. Schöne Dinge, aber auch weniger schöne Dinge. Aus den weniger angenehmen Erfahrungen kann eine Seele oft am meisten lernen. Sie lernt, was sie wirklich nicht mehr erfahren will, und entscheidet sich ganz bewußt, zu dem zurückzukehren, was sie gerade wohl erfahren will.

Du kannst es eigentlich sehen als ein großes Spiel. Du gehst auf die Erde und entscheidest Dich bewußt dafür, alles von Zuhause zu vergessen. Das Ziel des Spieles ist, daß Du, während Du auf der Erde bist, versuchst, Dich wieder an alles zu erinnern. Also, daß Du nicht ein Körper bist, sondern eine Seele in einem Körper. Du

bestehst aus purer Göttlicher Liebe und Licht und strahlst dies auch aus auf alle und jeden um Dich herum. Das Ziel ist, soviel wie möglich Licht und Liebe auf die Erde zu bringen und anderen Seelen zu helfen, sich auch wieder zu erinnern, wer sie wirklich sind. Das gelingt natürlich nicht so eben in einem Leben. Eine Seele braucht hierfür viele Leben. Wieviele das dann sind, hängt ab von der Entwicklung einer Seele pro Leben."

„Aber wie kann ich dann dafür sorgen, daß ich für meine Entwicklung als Seele so gut wie möglich Gebrauch mache von einem Leben?", war meine folgende Frage.

„Wenn Du als Mensch versuchst, auf Deine Innere Stimme zu hören oder auch auf Deine Intuition, dann wirst Du immer den für Dich allerbesten Weg wählen. Aber wenn Du das nicht tust, dann wirst Du einen Umweg machen, um dasselbe Ziel zu erreichen. Jedoch merke Dir eines sehr gut: jeder Weg führt am Ende immer nach Hause.

Wenn Du als Seele auf die Erde gehst, bekommst Du es mit folgendem zu tun. Deine Seelenenergie ist so groß, daß sie nie ganz in einen menschlichen Körper paßt. Ein Teil davon bleibt daher Zuhause. Aber Du kannst wohl jederzeit Kontakt damit aufnehmen und um Rat bitten. Dieser Teil wird das Höhere Selbst genannt. Du kannst es vergleichen mit Deiner Intuition oder Deiner Inneren Stimme. Deine Innere Stimme ist also eigentlich die Stimme Deines Höheren Selbst. Deshalb ist es so wichtig, soviel wie möglich darauf zu hören. Dieser Teil von Dir hat nämlich eine viel bessere Übersicht, weil er alles von Zuhause aus beobachten kann. Aber Du triffst jederzeit selbst die Entscheidung, ob Du darauf hören möchtest oder nicht. Ich werde versuchen, es an einem Beispiel zu erklären. Stell Dir mal vor, daß Du in einem Doppeldecker sitzt. Du sitzt unten drin am Steuer und Dein Höheres Selbst steht oben auf dem Deck. Dieser Teil von Dir hat so einen viel besseren Überblick über den Weg, nicht wahr? Er kann Dir dann auch deutliche Hinweise geben, welche Richtung Du am besten nehmen kannst. Nun kannst Du darauf hören, aber Du kannst auch „eigensinnig" sein und in eine ganz andere Richtung steuern. Du kannst das entscheiden, denn Du sitzt am Steuer. Aber es ist nicht schlimm, wenn Du hin und wieder eine andere Richtung einschlägst, denn letztendlich kommst Du doch immer wieder zurück auf den Hauptweg. Du machst nur einen Umweg und es dauert einfach etwas länger, bevor Du an dem für Dich richtigen Bestimmungsort angekommen bist. Aber dies ist sicher keine „verlorene" Zeit, denn von jeder Erfahrung kannst Du nur lernen und wachsen."

„Das ist ein schönes Beispiel. Jetzt verstehe ich es ganz!", sagte ich glücklich. „Also, wenn ich es richtig verstanden habe, ist es sehr wichtig für mein Seelenwachstum, daß ich mich nicht nur soviel wie möglich zu erinnern versuche, wer ich wirklich bin, sondern vor allem dies zu Er-Innern!"
„Du hast es ganz richtig verstanden, Schatz! Das ist, worum es sich das ganze Leben als Seele auf der Erde dreht. Wenn Du dies geregelt bekommst, dann wirst Du von selbst wieder GlückSelig! So, dies ist, was ich Dir erzählen wollte. Ich hoffe, daß Du etwas davon hast und wenn Du willst, kannst Du jetzt wieder weiter spazierengehen. Auf der nächsten Bank wartet wieder ein ganz besonderer Engel auf Dich. Viel Vergnügen!"

Und bevor ich mit den Augen zwinkern konnte, war dieser Engel, diese Kopie von mir selbst, wieder verschwunden. Genauso wie Feline. Schon eine etwas seltsame Art des Abschiednehmens, fand ich ehrlich gesagt. Und während ich dies dachte, hörte ich sie in der Ferne lachen.

Das Geheimnis eines glücklichen Lebens im Hier und Jetzt
ist die vollständige Akzeptanz jeden Moments,
so wie er sich anbietet.

4
Im Hier und Jetzt sein

Als ich bei der dritten Bank ankam, sah ich, daß dort ein etwas älterer Mann auf mich wartete. Er strahlte so viel Ruhe aus, daß ich mich ganz still neben ihn setzte. Es umgab ihn eine bestimmte Energie, die ich nicht gut einordnen konnte, worin ich mich aber sehr wohlfühlte. Ich wollte gerne etwas zu ihm sagen, aber etwas in mir hielt mich davon ab. Der Mann schaute mich sehr liebevoll an, legte seinen Finger auf seine Lippen und deutete auf den Weiher. Ich begriff, daß ich still sein sollte und guckte auf das Wasser. Ich sah zwei Schwäne, die graziös durchs Wasser glitten. Das war solch ein schöner Anblick, daß ich davon völlig berührt war. Nachdem wir zuvor schweigend zusammen dieses Szenario beobachtet hatten, begann der Mann zu reden.

„Ich bin der Engel, der Dir gerne etwas darüber erzählen möchte, wie wichtig und schön es für Dich ist, im Hier und Jetzt zu sein. Du hast es soeben erfahren. Wenn Du direkt angefangen hättest, mit mir zu sprechen, hättest Du den schönen Schwänen keine Beachtung geschenkt. Du hättest sie wahrscheinlich noch nicht einmal bemerkt, weil Du in Gedanken nicht im Hier und Jetzt gewesen wärest, sondern bei dem, was ich Dir erzählen werde. Also in der Zukunft, auch wenn sie nur Sekunden von Dir entfernt war.

Es ist wichtig, immer einen Moment von Ruhe und Besinnung zu nehmen, so daß Du nicht die schönen Dinge des Lebens an Dir vorüberziehen läßt. Denn jetzt ist die einzige Zeit, die da ist.
Als Mensch läßt Du Dich gerne mitziehen von Gedanken und Gefühlen, die zu tun haben mit der Vergangenheit, der Zukunft oder dem, was heute anders hätte sein müssen. Dadurch verlierst Du die Aufmerksamkeit für den gegenwärtigen Moment, das Jetzt. Du erlebst Deine direkte Umgebung weniger intensiv, weil Du in Gedanken stets irgendwo anders bist. Das Geheimnis eines glücklichen Lebens besteht in der vollständigen Akzeptanz jeden Moments, so wie er gerade ist. Wenn es Dir gelingt, im Hier und Jetzt zu bleiben, erlebst Du das Leben viel intensiver. Du erkennst, daß Du Dich nicht immer beschäftigen mußt mit der unendlichen Dramatik Deiner Sorgen und Probleme. Sie sind nun einmal ein Teil des Lebens. Und selbst, wenn Du ein Problem gelöst hast, wird es nicht lange dauern, bevor sich ein neues Problem auftut. Es wird immer ein Problem geben.
Wenn Du mit dem Glücklichsein wartest, bis alle Probleme gelöst sind, dann kannst Du lange warten! Menschen haben die seltsame Angewohnheit, den ganzen Tag über Sachen nachzudenken, an denen sie meistens doch nichts ändern können. Zudem wiederholen sich diese Gedanken auch noch unzählige Male. Auch Du tust das, achte mal darauf. Du kannst das an Dir selbst erkennen, wenn Du einen „inneren Dialog" führst. Dies sind meist nutzlose Gespräche, die Du täglich mit Dir selbst führst und die Dich ablenken vom Jetzt. Was hebst Du nicht alles auf für spätere

Zeiten oder spezielle Gelegenheiten? Genieße diesen Moment, das Leben ist jetzt!
Die Probleme, die Du als Mensch erfährst, haben oft mit äußeren Umständen zu tun. Meistens sind das die Dinge, die in der Vergangenheit da waren oder eben nicht da waren. Du hattest früher von irgendetwas zu viel oder eben zu wenig. Du fürchtest darum, daß die Zukunft auch zu viel oder eben zu wenig davon bieten wird.

Wenn Du auf äußerliche Dinge fokussiert bist, um Du selbst sein zu können, stellst Du etwas zwischen Dich selbst und das Sein. Du äußerst dann als Deine Wahrheit: „Ich kann nur ich selbst sein, wenn…“ Wenn Du darüber etwas länger nachdenkst, dann ist das eigentlich etwas seltsam. Du bist nämlich schon. Das ist nichts, was Du erreichen kannst, indem Du etwas tust. Jeder Mensch ist schon gut genug oder speziell genug, weil er da ist. Du brauchst Dein eigenes Sein nur noch zu erfahren. Und das geht eigentlich nur im Hier und Jetzt.
Es erscheint vielleicht etwas eigenartig, um darauf hinzuweisen, daß Du einfach da bist, aber die meisten Menschen, die auf der Suche nach sich selbst sind, übersehen diese simple Tatsache. Vielleicht sind sie auf der Suche nach sich selbst im Traum von einer besseren Zukunft. Oder sie wollen zu sich selbst zurückfinden, indem sie bedenken, was in der Vergangenheit anders hätte sein müssen. Menschen, die in der Vergangenheit oder Zukunft nach sich selbst suchen, werden Mühe haben, sich selbst zu finden. Die Zukunft muß noch kommen und die Vergangenheit ist schon gewesen. Du kannst nur sein in diesem Moment. Du kannst also auch Dich selbst nur in diesem Moment erfahren.“

Ich tat einen tiefen Seufzer und sagte: „Das klingt alles so schön und einfach, aber warum ist es dann so schwer, im Hier und Jetzt zu sein? Ich merke, daß mir das sehr viel Mühe macht.“
„Versuch doch mal, dahinter zu kommen, was Dich davon abhält, um im gegenwärtigen Moment zu leben. Während Deiner Reise auf Erden trägst Du positive und negative Erfahrungen aus Deiner Vergangenheit in Deinem Rucksack. Aus diesen Erfahrungen sind Deine Denk- und Verhaltensweisen entstanden. Und selbst, wenn Du diese nicht mehr nötig hast, holst Du sie immer wieder heraus. Du kannst einfach keinen Abschied davon nehmen, selbst wenn sie Dir immer wieder wehtun.

Stell Dir mal vor, daß ein Fluß alle Felsen, Stromschnellen und andere Objekte mit sich führen sollte. Er wird nicht mehr strömen können. Und so ist das auch mit Dir. Du trägst in Deinem Rucksack all Deine Ängste, Erwartungen und Emotionen hinsichtlich Deiner Zukunft mit Dir herum. Diese beruhen auf Erfahrungen aus Deiner Vergangenheit. Gute Erfahrungen möchtest Du wiederholen und schlechte Erfahrungen möchtest Du lieber vermeiden. Aber eben diese schwere Last verhindert Dein Vorankommen. Frag Dich deswegen regelmäßig, ob die Dinge in einem Jahr noch so wichtig sein werden.
Wenn Du bereit bist, Deine Erfahrungen aus der Vergangenheit und Deine Erwartungen an die Zukunft loszulassen, befindest Du Dich im Jetzt. Dann fließt Du, ohne daß Du die Richtung beeinflußt. Alles dreht sich darum, das, was ist, sein zu lassen, wie es ist. Du hast Dich daran gewöhnt, nicht im Jetzt zu sein. Es ist eine Gewohnheit geworden, um Dir immer Sorgen um die Zukunft zu machen oder die Vergangenheit zu bereuen. Es ist etwas, was Du schon so lange tust, daß Du nicht mehr wahrnimmst,

daß Du es tust.
Weißt Du, eigentlich funktionierst Du einen großen Teil Deiner Zeit auf Autopilot. Du gehst aus der Tür, schließt sie wie immer ab und nach einer Weile denkst Du auf einmal: Habe ich die Tür wohl abgeschlossen? Dies kommt, weil Du viele Handlungen so oft auf dieselbe Weise tust, daß diese irgendwann nicht mehr interessant sind für Dein Gehirn. Es ist keine Herausforderung mehr, deswegen geht Dein Geist von selbst über zu anderen Dingen. Du denkst an das Gespräch mit Deiner Freundin, während Du Einkäufe erledigst. Du denkst an das Fest von nächster Woche, während Du im Auto sitzt. Wenn Du einmal gut auf Dich selbst und Deine Gedanken achtest, kommt es eher selten vor, daß Du im gleichen Moment dasselbe tust und denkst."

Ich dachte einige Zeit hierüber nach und mußte eingestehen, daß ich das alles wohl wiedererkannte. Es kam in der Tat sehr selten vor, daß ich im Jetzt anwesend war. Oft war ich mit meinen Gedanken ganz woanders. Selbst während des Autofahrens. Dann war ich auf einmal an einem bestimmten Ort und wußte nicht mehr, wie ich dahin gekommen war. In der Tat - auf Autopilot.

„Aber warum tun wir Menschen das dann, warum finden wir es so schwierig, im Hier und Jetzt zu sein?" fragte ich den Engel. „Gedanken haben eine starke Neigung abzuschweifen. Auf die eine oder andere Weise möchte Euer denkender Geist unheimlich gerne entweder in der Vergangenheit oder in der Zukunft sein. Wenn er nur nicht im Jetzt sein muß. Scheinbar ist der Moment urlangweilig. So langweilig, daß Dein Geist eben schnell an andere Sachen denken will. Aber Gedanken wecken Emotionen. Und Emotionen rufen in Folge körperliche Reaktionen hervor.

Manchmal sorgt ein Gedanke für eine angenehme Emotion und die zugehörige Reaktion. Du denkst an Deinen Geliebten und wirst ganz glücklich. Aber wenn Du an ein schwieriges Ereignis in der Zukunft denkst, dann wird Dein Körper hierauf auch direkt reagieren. Du wirst Dich direkt weniger gut fühlen. So geben Gedanken an ein stressvolles Ereignis, das erst noch stattfinden muß, Dir bereits jetzt ein schlechtes Gefühl. Der Einfluß, den Gedanken auf Dein Gefühl und Dein Verhalten haben, ist groß. Und das ist schade. Nicht allein, weil es Dir ein schlechtes Gefühl geben kann, sondern auch, weil Du Dir durch den endlosen Strom Deiner Gedanken über Vergangenheit und Zukunft kaum bewußt davon sein kannst, was jetzt geschieht. Die Gedanken sorgen also eigentlich dafür, daß Du die Augen verschließt vor dem, was jetzt um dich herum passiert. Du siehst es einfach nicht. Je mehr Stress, Trauer oder Schmerz Du hast, desto mehr verstopfen die Gedanken Deinen Kopf und blockieren Deinen Geist.

Das kostet viel Energie und erschöpft Dich.
Außerdem: All die wahnsinnigen Gedanken und Unglücksszenarien lösen ganz und gar nichts auf. Sie wiederholen sich nur ständig. Inzwischen zieht das Leben an Dir vorbei und Du bekommst es kaum mit. Darum ist es für Dich so wichtig, im Hier und Jetzt zu sein. Die Eigenschaft eines glücklichen Menschen ist, daß er den ganzen Tag am Flußufer sitzen kann, ohne sich dafür schuldig zu fühlen. Er lebt vollkommen im Jetzt."

„Das hast Du schön gesagt. Und ich denke, daß ich es auch gut begriffen habe. Ich werde dann auch versuchen, es umzusetzen, denn ich weiß jetzt, wie wichtig dies für die Lebensfreude ist, nach der ich schon so lange suche."

„Je mehr Du dies übst, desto besser wird es gehen. Auf die Dauer wird es selbst Deine zweite Natur werden. Du wirst Dir all der schönen Dinge auf Erden viel bewußter werden und diese dann auch wirklich genießen."
„Vielen Dank, lieber Engel, daß Du dies mit mir geteilt hast. Es hat mir echt die Augen geöffnet und ich werde gleich damit beginnen!"

Der Engel stand auf, machte eine kleine Verbeugung und sagte: „Ich habe das sehr gerne für Dich getan, Schatz. Setze jetzt mal Deinen Spaziergang fort. Ganz viel Spaß bei der folgenden Bank. Auch dort wirst Du wieder einzigartige Lektionen erhalten."

Es gibt unterschiedliche Arten, Inspiration zu empfangen,
aber die beste ist, still zu sein.

5
Passion und Inspiration

Als ich wieder weiterlief, bemerkte ich, wie ich wie von selbst im Hier und Jetzt war. Ich genoβ intensiv die schöne Natur und den Gesang der Vögel. Auch roch ich die herrliche Waldluft. Ich fühlte mich völlig entspannt. Es war kein einziger Gedanke in meinem Kopf. Nicht über das, was ich gerade gelernt hatte, und auch nicht über das, was mich noch erwartete. Ich genoβ nur den Moment und den Spaziergang und das war eine herrliche Erfahrung. Bevor ich mich versah, war ich schon wieder bei der nächsten Bank. Ich muβte eben mit meinen Augen blinzeln, denn der Engel, der da saβ, war schon auβergewöhnlich fröhlich!

Er hatte ein wunderschönes Kleid an, das völlig mit Diamanten und Perlen besetzt war. Er hatte knallrote Haare, die wie Zuckerwatte auf seinem Kopf standen. Wunderschöne Schmetterlinge flatterten um ihn herum. Es war ein besonderes Schauspiel und ich war eben sprachlos. Der Engel begann zu lachen und es war, als ob Tausende von Glöckchen klingelten. Ich wurde ganz fröhlich und glücklich davon. Er stand auf und umarmte mich ausgelassen.
„Wie schön, daß Du da bist. Ich habe schon auf Dich gewartet. Ich

bin der Engel der Passion und Inspiration. Wir werden zusammen versuchen, dahinter zu kommen, woher Deine Passion und Inspiration kommen.

Komm, setz Dich neben mich, dann können wir anfangen."
Ich war ein wenig überwältigt von diesem Engel, aber ich bemerkte auch, daß ich mich von seiner Begeisterung anstecken ließ. Wie schön wäre es, wenn ich herausfinden würde, wo ich meine Passion und Inspiration finden könnte. Ich hatte in diesem Moment wirklich keine Ahnung, wie das gehen sollte. Also setzte ich mich schnell neben den leuchtenden Engel, der direkt zu erzählen begann.

„Passion ist eigentlich ein schöneres Wort für Begeisterung oder Intensiv-Leben. Spaß am Leben und alles mit voller Energie tun. Wer etwas mit Passion tut, bemerkt, daß es eigentlich ganz von selbst geht. Aber es ist nicht für jeden gleich einfach, alles in seinem Leben mit Passion zu tun. Viele Menschen haben das Gefühl, daß sie den Kontakt zu sich selbst verloren haben und fragen sich deshalb, was sie hier nun eigentlich tun. Sie machen viele Dinge freudlos und alles ist zur Routine geworden. Sie wissen dann auch nicht, wie sie ihre Passion finden können."
„Ja, das kenne ich nur allzu gut. Das ist genauso, wie ich mich jetzt fühle. Ich finde das Leben hier auf der Erde nutzlos und freudlos und ich kann es ganz und gar nicht genießen. Wie herrlich wäre es, meine Passion zu finden, aber wie mache ich das in Gottes Namen!"

„Die beste Weise, Deine Passion zu finden, ist, das zu tun, wofür Du Dich als Seele entschieden hast, bevor Du auf die Erde ge-

gangen bist. Jede Seele hat ein bestimmtes Ziel vor Augen, was sie auf der Erde erfahren und mit anderen Seelen teilen will. Dies kann alles Mögliche sein. Das brauchen wirklich nicht immer große Dinge zu sein. Wenn Du es nur von ganzem Herzen und mit ganzer Seele tust und soviel wie möglich Liebe hineinsteckst. Es kann beispielsweise einfach gärtnern sein oder lecker kochen oder für Deine Kinder sorgen.

Du machst dies dann mit soviel Freude, daß Dein Herz davon aufgeht. Dadurch strahlst Du Liebe aus, die andere Herzen berühren kann, und das ist genau die Bedeutung dieses „Spiels" auf der Erde. Soviel wie möglich Liebe und Licht verbreiten. Und nicht nur andere liebhaben, sondern auch Dich selbst lieben.
Tief von innen heraus weiß wohl jeder, was sein Lebensziel und seine Passion ist und woher er seine Inspiration nehmen kann. Aber leider haben es viele vergessen. Du kannst jedoch Deine geistigen Führer und die Engel bitten, Dich wieder daran zu erinnern. Wenn Du Dich öffnest für die Hilfe von Zuhause, wird es etwas einfacher sein, Deine Passion zu finden und Inspiration zu bekommen. Sowohl Deine Führer als auch die Engel werden alles dafür tun, um Dich zu inspirieren und Dir zu helfen, Deine Passion zu finden. Wenn Du das tust, wofür Du Dich als Seele entschieden hast, dann wird Dein Herz überströmen vor Glück und Liebe. Und wenn Du dies fühlst, glaube mir, daß Du dann auf dem richtigen Weg bist! Denk mal nach, wovon wirst Du wirklich glücklich? Was gibt es da in Deinem Leben, was Du gerne teilst mit anderen?"

Darüber mußte ich erstmal ernsthaft nachdenken, aber auf einmal wußte ich es! Wie ein Donnerschlag aus heiterem Himmel schlug es bei mir ein. Ich guckte den Engel ein bißchen überrumpelt an und sagte: „Da gibt es etwas, was mich schon einige Zeit sehr beschäftigt. Ich weiß, daß da leider noch viel Angst und Unwissenheit herrscht rund um das Sterben und den Tod. Aufgrund meines inneren Wissens und meiner Erinnerungen an Zuhause weiß ich, daß das ganz und gar nicht nötig ist. Wo ich nun Deine Geschichte über Passion höre, fühle ich auf einmal das ganz starke Verlangen, all meine Informationen und Kenntnisse, die ich darüber habe, mit sovielen Menschen wie möglich zu teilen und dadurch auch sovielen Menschen wie möglich die Angst zu nehmen. So können sie dann vielleicht das Leben mehr genießen, und wenn es später soweit ist, in aller Ruhe und in vollem Vertrauen sterben.

Ohne Angst! Ich fühle jetzt, daß ich gerne Menschen helfen möchte, sich auch zu Er-Innern, wer sie wirklich sind und wo sie eigentlich herkommen und daß sie dorthin nach ihrem Tod zurückkehren.
Der Tod bedeutet eigentlich nur den Übergang in eine andere Dimension. Du gehst wieder nach Hause. Und natürlich ist es unheimlich traurig für diejenigen, die zurückbleiben, wenn jemand körperlich nicht mehr anwesend ist, aber er ist wohl noch da auf einer anderen Ebene. Wenn Du dafür ein wenig offen bist, kannst Du dies gut fühlen. Jetzt, wo ich Dir dies alles erzähle, fühle ich, wie sich mein Herz öffnet und überströmt vor Liebe und Glück. Ist es das, was Du meinst mit In-Deine- Passion-gehen?" Ich sah den Engel strahlend an.

„Oh, Schatz, Du ahnst nicht annähernd, wie froh ich hiermit bin. Das ist genau das, was ich meine. Ich bin so glücklich, daß Du

nun auch echt fühlst, daß es dies war, wofür Du Dich als Seele entschieden hast. Dies wird Dir im Leben soviel Freude geben! Du bist als Seele mit einer bestimmten Seelenbestimmung auf die Erde gekommen. Wenn Du Dich dafür entscheidest, wahrhaftig Deine gewählte Bestimmung auf Erden zu leben, dann kündigst Du an, Dich den Impulsen und dem Verlangen Deiner Seele hinzugeben. Du mußt alles loslassen, was hierbei im Weg steht. Wenn Du wirklich in Übereinstimmung mit Deiner Seele zu leben beginnst, dann erfährst Du ein intensives, glückseliges und freudvolles Gefühl.
Jede Seele ist einzigartig und hat somit ihre eigenen Bedürfnisse. Diese Bedürfnisse werden für Dich erkennbar, wenn Du mit Deiner Seele in Verbindung trittst. Deine Seele wird Dir dann genau zeigen, was wohl und was nicht gut für Dich ist. Was Deine einzigartige Begabungen sind und was Deine freudvolle Bestimmung auf Erden ist. Es geht auch hierbei wieder darum, daß Du gut auf Deine innere Stimme hörst. Deine Seele gibt genau an, was Dich wohl und was Dich nicht nährt. Alles, was Freude macht, ist Nahrung für Deine Seele, und alles, was sich anfühlt wie ein Müssen und freudlos ist, ist das sicher nicht!

Die Impulse Deiner Seele schenken Dir jederzeit ein tiefes Gefühl wahrer Liebe, Freude, Frieden und Ruhe."

„Aber, was ist denn eigentlich Inspiration?", fragte ich den Engel. „Inspiration ist eine Einsicht oder eine Idee. Inspiration gibt Dir eine Richtung und kann zu einem neuen Ziel in Deinem Leben führen. Ohne Inspiration kann keine positive Veränderung stattfinden. Alle Deine besten Entscheidungen beginnen mit Inspiration. Inspiration kommt von einer tieferen Ebene als die

Dinge aus Deinem denkenden Gehirn. Gerade in Situationen, in denen Du nicht denkst, die Momente zwischen Deinen Gedanken, sind die Momente, durch die Du Inspiration bekommst.
So wie Intuition ist auch Inspiration eine Art von Gefühl. Du fühlst es buchstäblich in Deinem Körper, wenn Du eine gute Idee bekommst. Aber um Inspiration zu bekommen, mußt Du wohl entspannt sein und sicher nicht gestresst oder böse, Sorgen haben oder müde sein. Inspiration kommt nie, wenn Dein Kopf voll ist. Da muß ein Moment der Stille sein, eine Öffnung, so daß Inspiration hindurchkommen kann. Meditieren kann hierbei helfen.
Inspiration und Passion gehören zusammen. Ohne Passion kann keine Inspiration dasein. Du wirst keine Inspiration bekommen, wenn Du etwas tust, was Dir keinen Spaß macht. Deshalb ist es so wichtig, Deiner Passion im Leben zu folgen. Tue die Dinge, die Du wirklich schön findest. Ein entspannter Lebensstil ist sehr wichtig für Inspiration. Du denkst, Du mußt soviel wie möglich tun, um vorwärtszukommen im Leben. Aber es ist gerade die Zeit zwischen Deinen Gedanken und Deinen Beschäftigungen, die Dir Inspiration gibt."

Der Engel ergriff meine Hände und schaute mir in die Augen. „Ich denke, daß meine Aufgabe jetzt erledigt ist. Wie zu sehen und zu hören ist, bist Du nun dahinter gekommen, was Deine Passion ist, und dadurch wirst Du Dein Leben viel mehr genießen können.

Und das war doch das, was Du so gerne wolltest? Du hast jetzt wieder einen Extraimpuls bekommen, um während dieses Lebens zu erfahren, wie es ist, auch hier auf der Erde GlückSelig zu sein."

Ich wußte, daß der Engel recht hatte. Schon jetzt fühlte ich eine Veränderung in meinem Sein. Ich bekam sogar wieder ein bißchen Sinn im Leben und war enorm neugierig darauf, was mich bei den folgenden Bänken noch erwarten würde. Ich brannte dann auch darauf weiterzugehen. Ich umarmte den prächtigen Engel, der mir so gut geholfen hatte, meine Passion wieder zu finden, und bedankte mich bei ihm aus tiefstem Herzen. Ich fühlte mich so leicht und glücklich, das ich beinahe zur nächsten Bank tänzelte. Der wunderschöne Engel der Passion und Inspiration verabschiedete sich fröhlich winkend von mir.

Wenn ich mich mit dem verbinde,
was größer ist als ich,
bin ich zu viel mehr imstande.

6

Kontakt mit Deinem geistigen Führer

Ich war wieder eine Weile gelaufen, als ich bei der nächsten Bank ankam. Und ja, da wartete wieder ein Engel auf mich. Ich bemerkte, daß ich es stets normaler fand, mit Engeln reden zu können. Es fühlte sich so vertraut an! Diesmal stand da ein schöner junger Mann. Er hatte halblanges, braunes Haar und große, braune Augen. Aber was mir am meisten auffiel, war, daß er so viel Liebe ausstrahlte. Ich wurde wie von selbst zu ihm hingezogen und umarmte ihn. Das fühlte sich an, als würden wir miteinander verschmelzen. Ich war schlagartig verliebt! Was war das für ein besonderer Engel und wie fühlte ich mich mit ihm verbunden. Wir setzten uns zusammen hin und der Engel begann zu erzählen.

„Lieber Schatz, wie finde ich es schön, Dich hier zu sehen. Ich habe schon so lange darauf gewartet. Aber ich muß Dir etwas gestehen. Eigentlich bin ich ganz und gar kein Engel. Ich bin Dein geistiger Führer und darf Dir nun etwas erzählen über das Kontaktaufnehmen zu Deinem Führer. Denn das ist genau das, was Du gerade getan hast.“

Stumm vor Staunen guckte ich den Engel - oder nein -, meinen Führer an. Ich verstand überhaupt nichts mehr, aber ich wußte wohl, daß ich mich bei ihm ganz anders fühlte als bei den vorherigen Engeln. Ich fühlte eine sehr tiefe Liebe. Das war, als ob ich nach Hause gekommen wäre.

Ich weiß nicht, wie ich es anders erklären soll. „Wie herrlich, daß ich Dich nun treffen darf. Ich hab schon so oft versucht, mit meinem Führer in Kontakt zu kommen, und dann sitzt Du auf einmal neben mir. Ich kann es beinahe nicht glauben."
„Ich weiß, daß Du sehr oft versucht hast, mit mir in Kontakt zu kommen. Wohl war ich auch jedes Mal da, aber da durfte der Kontakt noch nicht sein. Es war in dem Moment nicht gut für Deine Entwicklung. Der Kontakt mit Deinem Führer geschieht immer zur für Dich genau richtigen Zeit und die ist wiederum für jeden anders. Aber jetzt ist es endlich soweit, daß wir einander treffen dürfen und können. Und dafür bin ich sehr dankbar. Ich werde Dir jetzt etwas mehr über Führer erzählen. Das kann Dir wieder weiterhelfen auf Deiner Suche nach dem Glück.

Wenn eine Seele die „Erdenschule" vollkommen durchlaufen hat, muß sie kein irdisches Leben mehr erfahren und kann sich dann beispielsweise dafür entscheiden, der Führer von jemandem zu werden. Sie begleitet dann eine andere Seele bei ihrem persönlichen Wachstum. Das ist also eigentlich eine andere Seele, die Zuhause ist, und mit der Du die Absprache getroffen hast, daß sie Dir in diesem Leben helfen und Dich unterstützen wird, wo sie nur kann. Dein Führer begleitet Dich also bei Deinem persönlichen Wachstum, was sicher nicht die einfachste Aufgabe ist. Begleiten bedeutet ganz und gar nicht, daß Dein Führer für

Dich alle Verantwortung übernimmt. Du bist und bleibst immer selbstverantwortlich für Deine Entschlüsse und Kreationen und deren Folgen. Dein Führer versucht schon, Dich positiv zu beeinflussen und Dir zu helfen, aber er gönnt Dir Deine eigenen Entschlüsse und Lektionen, so daß Du auf Deine eigene Art stets mehr entdeckst, wer Du wirklich bist. Dein Führer ist bezüglich seiner Entwicklung ein Schrittchen weiter als Du. Das ist sehr praktisch, denn auf diese Weise hast Du ständig jemand Weisen bei dir, bei dem Du jederzeit Liebe, Unterstützung und Rat finden kannst. Weil Menschen es schön finden, eine menschliche Gestalt zu sehen oder zu erfahren, erscheint Dein Führer oft als ein Mann oder eine Frau.

Faktisch geht es natürlich nicht um einen Mann oder eine Frau, sondern um ein Wesen aus Energie mit Bewußtsein, eine Seele.

Jeder hat einen Führer, der am meisten bei ihm ist. Du kannst diesen auch Deinen Hauptführer nennen. Dieser Führer hat wohl auf der Erde gelebt, aber ist jetzt fertig mit seinen Inkarnationen und entwickelt sich zu Hause weiter. Aber jeder hat auch noch weitere Führer, die Dir bei unterschiedlichen Dingen helfen können. Diese Führer sind meistens Seelen, die Du während Deines aktuellen Lebens gekannt hast, beispielsweise ein verstorbener Eltern- oder Großelternteil oder Freund. Sie gehören zu Deiner Seelenfamilie. Wenn sie sich noch sehr zu Dir hingezogen fühlen, kann es sein, daß sie Dich auch begleiten, manchmal auch nur vorübergehend. Ein Führer kann auch jemand sein, den Du nicht aus einem Erdenleben kennst, sondern von einer Begegnung zu Hause. Diese Führer erscheinen oft bei Ereignissen in Deinem Leben, von denen sie selbst auch etwas lernen können, und zugleich wollen sie Dich in dieser Situation, mit der Du es gerade zu tun hast, unterstützen. Sie sind oft noch nicht am Ende ihres Inkarnationszyklus, von daher ist ihre Begleitung von vorübergehender Art. Sie wollen selbst auch weiter mit ihrer eigenen Entwicklung, beispielsweise durch die Wahl eines neuen Lebens auf Erden. Führer sind übrigens keine Engel. Ein wesentlicher Unterschied ist, daß Engel noch nie auf der Erde gelebt haben und Führer wohl. Gerade deswegen können Führer Dich prima begleiten, sie schöpfen immer aus ihren eigenen Erfahrungen. Außerdem sind Engel von höherem Bewußtseinsniveau als Führer, sie stehen gewissermaßen noch näher an der Quelle, bei Gott oder wie Du es sonst nennen willst."

„Wie interessant," seufzte ich, „ich könnte dem stundenlang zuhören. Aber wie kommst Du in Kontakt mit Deinem Führer und wie kommunizierst Du mit Deinem Führer? Ich habe das in der Vergangenheit so oft versucht, aber es ist bisher nie gelungen.

Jetzt, wo ich hier zusammen mit Dir sitze, erscheint alles so einfach, aber wie mache ich das dann wieder in meinem täglichen Leben?"

„Du setzt Dich einfach ruhig hin, machst Deinen Kopf frei und fragst Deinen Führer, ob er zu Dir kommen möchte. Du wirst dann von selbst ein bestimmtes Gefühl bekommen. Beim einen ist dies Wärme oder eine Welle von Liebe, ein anderer fühlt es überall prickeln. Jeder erfährt es anders. Wenn Du das Gefühl hast, mit Deinem Führer in Kontakt zu sein, stellst Du einfach eine Frage. Die erste Antwort, die dann in Dir hochkommt, ist die von Deinem Führer. Dies erfordert wohl etwas Übung und am

Anfang wird es vielleicht auch nicht gleich gelingen.
Oft denkst Du auch, daß Du Dir alles nur einbildest und daß Du Deine eigenen Gedanken hörst. Die meisten Menschen denken, daß sie buchstäblich etwas hören müßten, wenn sie mit ihrem Führer kommunizieren, aber meistens ist es nur mit den inneren Ohren hörbar und das macht es etwas verwirrend.
Du mußt damit rechnen, daß Dein Führer Dir auch auf andere Art eine Antwort geben kann. Dies kann sein durch ein Lied, das Du auf einmal im Radio hörst oder ein Text, den Du liest, oder etwas, das jemand zu Dir sagt. Halte deshalb immer Deine Augen und Ohren gut auf, wenn Du Deinem Führer eine Frage gestellt hast.
Bei der Kontaktaufnahme mit Deinem Führer ist es sehr wichtig, Vertrauen zu haben. Aber je mehr Du übst, desto besser wird es gehen, und dann wirst Du merken, daß dieser Kontakt eine enorme Bereicherung für Dein tägliches Leben darstellen kann. Dein Führer wird Dir helfen, denn er findet es sehr schön, mit Dir zu kommunizieren. Je mehr Zeit und Energie Du in die Beziehung zu Deinem Führer steckst, desto mehr Vertrauen wirst Du in Dich selbst und Deinen Führer bekommen."
Ich wurde ein bißchen still davon und sagte: „Wie schön es doch ist zu wissen, daß wir nie allein sind und daß jederzeit Hilfe um uns herum ist."

„Ja, Schatz, das ist richtig, aber eine Sache ist wohl sehr wichtig zu wissen: ein Führer darf nie etwas tun, ohne daß Du darum gebeten hast, ob nun bewußt oder unbewußt. Mit Ausnahme von bestimmten Notsituationen. Er kann schon bestimmte Zeichen geben, die Dir helfen können, aber Du mußt dafür offen sein, um sie zu sehen und zu erkennen. Dies hat alles zu tun mit

Deinem freien Willen. Also, Du mußt Dir gut merken, daß Du Deinen Führer immer selbst um Hilfe fragen mußt. Aber auch dies ist nicht immer gleich einfach, denn gerade, wenn Du sehr traurig oder ängstlich bist, vergißt Du das oft. Du denkst einfach nicht daran. Das kommt daher, weil Du in dem Moment eben wieder vergessen hast, wer Du wirklich bist und woher Du eigentlich kommst. Du konzentrierst Dich voll und ganz auf Dein Menschsein und alles Elend und alle Traurigkeit, die Du in dem Moment fühlst."

„Aber wie kannst Du denn dafür sorgen, daß Du in einer solchen Situation doch daran denkst, Deinen Führer um Hilfe zu bitten?"
„Das kannst Du einfach üben. Versuche Dich jeden Moment Deines Lebens daran zu erinnern, wer Du wirklich bist, und Dir bewußt zu werden, daß Du nie allein bist. Es ist immer Hilfe um Dich herum, auch wenn Du es in dem Moment nicht bemerkst.

Es ist eine Frage des Vertrauen-habens und -behaltens. Hierdurch wächst Dein Bewußtsein und dann wirst Du merken, daß es stets einfacher geht. Du bist dann auch offener für die Hilfe. Oft helfen Dir dann Deine Führer, Dich daran zu erinnern, daß Du Hilfe erbitten kannst und darfst. Dies geschieht auf viele Arten, beispielsweise durch eine leichte Berührung, wodurch Du die Energie und die Liebe Deines Führers fühlen kannst."

„Du erwähntest gerade auch die Seelenfamilie. Was bedeutet das?"
„Deine Seelenfamilie ist die Gruppe von Seelen, zu der Du gehörst. Diese Gruppe bleibt immer zusammen. Es kann wohl sein, daß ein Teil der Gruppe auf der Erde und ein anderer Teil Zuhause ist, aber die Mitglieder einer Seelengruppe bleiben immer miteinander verbunden. Der Teil, der Zuhause ist, wird dann als Führer fungieren für die Seelen, die in dem Moment auf der Erde sind. Mit dieser Gruppe spielst Du alle wichtigen Rollen, die Du spielen willst während all Deiner Inkarnationen auf Erden. Du wechselst stets die Rolle. Das eine Mal bist Du ein Vater und das nächste Mal bist Du eine Tochter oder ein Bruder oder welche Figur auch immer. Das Wachstum der zu einer Seelengruppe gehörenden Seelen verläuft beinahe zeitgleich, so daß sie auch wieder zusammen in eine höhere Sphäre hineinwachsen können, aber das muß nicht immer so sein. Manchmal braucht eine Seele etwas länger. Es ist für eine Seelenfamilie darum nicht notwendig, immer in der gleichen Sphäre zu verbleiben, aber meistens ist es wohl so.

So, Schatz, dann ist es jetzt wieder für Dich an der Zeit weiterzugehen. Ich bin sehr glücklich, daß wir einander getroffen haben. Wir brauchen auch keinen Abschied voneinander zu nehmen, denn ich bin jederzeit bei Dir. Auch wenn Du mich nicht siehst oder fühlst, vertraue mal darauf."

„Ja, jetzt weiß ich auch, daß dies so ist. Ich werde sicher versuchen, dieses Gefühl bei mir zu halten und mich stets daran zu erinnern, daß Du bei mir bist."

Nachdem wir uns noch kräftig umarmt hatten, stand ich auf und setzte meine Reise fort. Während des Gehens fühlte ich ganz deutlich, daß mein Führer noch immer bei mir war und dies fühlte sich herrlich vertraut an. Ich hörte meinen Führer leise grinsen und mit einem breiten Lächeln lief ich weiter.

Wenn Dein Herz mit Liebe gefüllt ist,
bleibt für Angst kein Platz übrig.

7
Wählen zwischen Angst und Liebe

Als ich wieder eine Weile gegangen war, bemerkte ich, daß es langsam ein bißchen dämmrig wurde. Ich fand das nicht so angenehm und begann, etwas schneller zu laufen. Für mein Gefühl dauerte es sehr lange, bis ich bei der nächsten Bank ankam. Es war inzwischen stockdunkel geworden. Zu meiner Erleichterung sah ich in der Ferne den Platz, wo ich hin mußte, aber als ich dichter zu der Bank kam, bemerkte ich zu meiner Verwunderung, daß da gar niemand war. Kein Engel zu sehen. Ich setzte mich und war ein bißchen durcheinander. Ich merkte, daß ich ängstlich wurde. Hier saß ich nun mutterseelenallein in einem dunklen und verlassenen Wald. Ich hörte auch keinerlei Geräusch. Es war totenstill.

Ich begann, ein bißchen an mir selbst zu zweifeln. Hatte ich mir all die Engel und meinen Führer nur eingebildet? Und kam ich nun dahinter, daß meine ganze Reise rund um diesen Weiher keinen Sinn machte. Ich verstand das nicht. Als ich so eine Weile gesessen hatte, beschloß ich, nach Hause zu gehen. Ich hoffte, daß ich den Weg zurück im Dunkeln noch finden konnte und machte Anstalten wegzugehen.

Auf einmal fühlte ich, daß sich jemand neben mich gesetzt hatte. Ich sah nichts, aber ich war mir sicher!
„Hallo, wer ist da?“, fragte ich ein bißchen zittrig.
„Guten Tag, mein Kind, ich bin der Engel, der Dir etwas beibringen wird über Angst und Liebe.“
„Aber warum sehe ich Dich denn nicht?“, fragte ich, noch stets etwas ängstlich.
„Das kommt, weil Du nun in Deiner Angst festsitzt, und dann ist es schwierig, Liebe zu sehen. Warum bist Du eigentlich so ängstlich?“
„Weil ich hier ganz allein in einem dunklen und verlassenen Wald sitze, um auf etwas zu warten, wovon ich nicht weiß, was es ist und was es mir bringen wird.“
„Also fürchtest Du Dich eigentlich vor dem Unbekannten. Weißt Du, daß dies häufig die zugrundeliegende Ursache von Angst ist?“
„Nein, das wußte ich nicht, aber wenn ich eben darüber nachdenke, stimmt das wohl. In diesem Moment ist da nichts Schlimmes. Ich sitze einfach in einem dunklen Wald und es geschieht nichts Gruseliges. Es ist in der Tat das Unbekannte, vor dem ich mich fürchte. Daß ich nicht weiß, was geschehen wird.“

Dann hörte ich die Stimme sagen: „Versuche, das mal loszulassen, Schatz. Guck mal, was dann geschieht.“
Ich schloß meine Augen und atmete ein paarmal tief ein und aus. Ich sagte zu mir selbst, daß ich sicher sei und daß nichts los wäre. Als ich die Augen öffnete, sah ich zu meinem Erstaunen, daß es wieder hell war. Die Sonne stand strahlend am hellen Himmel, und als ich neben mich schaute, sah ich einen Engel ganz in rosa neben mir sitzen. Aber was mich noch am meisten erstaunte, war, daß dieser Engel Flügel hatte. Es war der erste Engel mit Flügeln,

den ich jemals gesehen hatte. Sie waren sehr durchsichtig und glänzten an allen Seiten.

Es war wirklich prächtig und der Anblick rührte mich zu Tränen.

„Sieh mal", sagte der wunderschöne Engel, „das geschieht nun, wenn Du aus Deiner Angst herausgehen kannst. Dann landest Du von selbst in Liebe. Wenn Du zur Ruhe kommst und all Deine Sorgen und Ängste wegfließen läßt, wird Liebe den leeren Raum wie von selbst füllen. Du hast immer die Wahl. Entweder Du entscheidest Dich für Angst oder Du entscheidest Dich für Liebe. Es ist wichtig, daß Du dies nun wirklich auch selbst erfahren konntest. Weil dann alles, was ich Dir jetzt über Angst und Liebe erzählen werde, ein Stück deutlicher für Dich sein wird."
Ich war noch stets ein bißchen durcheinander von dem, was ich gerade erfahren hatte, und beschloß, einfach mal zuzuhören, was dieser Engel mir zu erzählen hatte.

„Dein Leben genau so zu leben, wie Du es willst, ist nicht immer einfach. Die Dinge, die Du unheimlich gerne möchtest, sind meist auch die Dinge, die sehr gruselig oder unsicher sind. Die Entscheidung, ob Du doch diese Dinge wählst oder etwas anderes, wird stark von der Tatsache beeinflußt, ob Du aus Angst oder Liebe heraus entscheidest. Wenn Du Entscheidungen aus der Angst heraus triffst, daß es schiefgehen kann, wirst Du vielleicht merken, daß Du Dich nie wirklich zufrieden fühlst mit Deinem Haus, Deiner Arbeit, Deiner Beziehung oder was auch immer. Indem Du Schwierigkeiten vorwiegend aus dem Wege gehst, forderst Du Dich selbst auch nicht heraus, zu wachsen und für das zu kämpfen, was Du gerne erreichen möchtest. Du kannst sagen,

daß Du Dir dann selbst die Möglichkeit vorenthältst, wirklich glücklich zu sein.
Auf der anderen Seite gibt es auch gute Gründe dafür, eine wichtige Entscheidung erst gut zu überdenken, bevor Du danach handelst. Daß Du etwas sehr gerne möchtest, sagt nämlich nicht immer aus, daß Du auch dazu in der Lage bist oder daß es der richtige Zeitpunkt dafür ist. Und magst Du einmal die „falsche" Entscheidung treffen, dann ist das auch nicht schlimm, denn Du hast dann bestimmt etwas daraus gelernt.

Nichts passiert umsonst. Du bist dann einfach wieder um eine Erfahrung reicher. Die höchste Frequenz, die im Universum anwesend ist, heißt Liebe. Angst ist Liebe in Verlangsamung, in vielen Fällen beinahe stockend. Also abgebremste Liebe oder manchmal selbst ein Mangel an Liebe. Es geht hier auf dieser Erde immer um Angst oder Liebe. Hier kannst Du Gegensätze erfahren, Grenzen, Extreme. Liebe ist Licht und fließend und Angst ist dunkel und fast stillstehend. Gegensätze voneinander also! Du kannst Dich täglich entscheiden, wo Du Deine Kraft hingibst, an Angst oder Liebe, indem Du Deine Aufmerksamkeit darauf richtest. Jederzeit wieder.
Es gibt da eine große Angst, die jeder in sich hat. Die Angst kann unterschiedliche Formen annehmen, beispielsweise Ablehnung, Abweisung, Bewertung, Verurteilung. Das ist das Gegenteil von Liebe: Das ist die Angst, keine Liebe zu haben, keine Liebe auszustrahlen, keine Liebe anzuziehen und somit in Deinem Leben keine Liebe zu erfahren. Ein Leben ohne Liebe.
Diese Angst zeigt sich mehrmals täglich in unterschiedlichen Verkleidungen und Formen. Aber merke Dir eines sehr gut: Angst hat erst Einfluß auf Dein Leben, wenn Du es zuläßt.

Alle Ängste können also eigentlich auf einen gemeinsamen Nenner gebracht werden. Das Gegenteil von Liebe ist die Angst, keine Liebe zu sein, also ein Mangel an Liebe. Je mehr Du eine Angst unterdrückst, indem Du sie negierst oder relativierst, desto stärker wird diese sich manifestieren und Dein Leben beeinflussen. Werde Dir dessen bewußt. Begreife, daß Du dann gegen Dich selbst ankämpfst. Wer gewinnt und wer verliert dann? Höre gut auf die Zeichen Deines physischen Körpers, Deine eigenen Kommentare und Bemerkungen in Deinen Gedanken und Emotionen. Von dem Moment an, wo Du Angst erfährst und ihr bewußt Aufmerksamkeit schenkst, beruhigt sie sich und löst sich auf. Dann ist wieder Raum für Liebe da.

Für alles, was mit Dir geschieht, hast Du Dich immer auf Seelenniveau entschieden. Nichts geschieht also einfach so, auch wenn Du das mit Deinem menschlichen Verstand oft nicht begreifen kannst. Dies bedeutet also, daß Du niemals jemanden verurteilen oder beurteilen kannst, denn Du kannst nie wissen, was er auf Seelenniveau beschlossen hat. Auch wenn jemand in Deinen Augen ärgerliche oder seltsame Dinge tut, dann kann dies noch immer ein Bestandteil seines Lebensplans sein.
Es geht eigentlich nicht darum, was passiert, sondern darum, wie Du damit umgehst. Mit welchen Augen Du danach schaust. Mit den Augen der Liebe und des Mitgefühls oder mit den Augen von Angst und Abneigung. Du könntest so auch einen Mörder oder Dieb betrachten oder eine Situation, die Du nicht schön findest. Jedes Ereignis, also auch das tragischste und traurigste, hat ein höheres Ziel. Dies ist auf menschlichem Niveau schwer zu begreifen. Das eine Mal gelingt es Dir wohl, das andere Mal leider nicht. Aber das nennt man Wachsen.

Wie Du etwas erfährst, liegt immer an Dir selbst. Du kannst vielleicht das Ereignis nicht verändern, aber wohl die Art, wie Du danach schaust.

Sehr gut funktioniert auch, bei allem, was Dir auf Deinen Weg begegnet, immer um das Allerhöchste und das Allerbeste zu bitten. Vertraue dann auch darauf, daß das, was dann geschieht, auch das Höchste und das Beste für Dich ist. Oft siehst Du das in diesem Moment nicht so. Du denkst, daß Du selbst wohl am besten weißt, was gut für Dich ist. Aber dies ist natürlich nicht immer der Fall! Die Kunst ist, darauf zu vertrauen, daß alles, was geschieht, immer ein positives Ziel hat und daß Du ständig umgeben bist von der Hilfe und der Liebe von Zuhause. Es ist also die Kunst zu versuchen, soviel wie möglich aus Liebe heraus zu tun und zu erfahren. Verstehst Du das?"

Ich hatte mucksmäuschenstill und lauschend dagesessen. Wieviele Weisheiten! „Ja“, antwortete ich, „ich verstehe es vollkommen. Aber ob ich es auch in die Praxis umsetzen kann, das ist die Frage. Es erscheint mir wohl schwierig, alles mit den Augen der Liebe zu betrachten. Es ist soviel Elend und Negativität hier auf Erden.“

„Umso wichtiger ist es daher, daß Du versuchst, Liebe und Mitgefühl zu zeigen und auszustrahlen anstelle von Angst. Das ist, was Eure Erde nun auch wirklich nötig hat. Und Du wirst merken, daß Du selbst auch viel glücklicher davon wirst. Versuche es mal, und wenn es nicht immer gelingt, fühle Dich dann nicht schuldig, sondern versuche es einfach aufs Neue, und vergiß nie, uns und Deine Führer um Hilfe zu bitten. Wir stehen immer für Dich parat!“

„Ja, das habe ich verstanden. Ich werde es auch sicher versuchen, denn ich sehe jetzt wohl ein, wie wichtig es ist, soviel wie möglich Liebe zu verbreiten.”

„Dann ist es jetzt wieder an der Zeit für Dich weiterzugehen. Du hast jetzt viele Weisheiten in Deinem Rucksack, womit Du Dein Leben ein Stück angenehmer gestalten kannst.

Ich hoffe, daß Du auch etwas davon umsetzen kannst.“

„Da bin ich mir sicher. Ich bin so glücklich, daß ich diese Chance bekomme, die ergreife ich mit beiden Händen!“

Der Engel umarmte mich und schlug seine Flügel liebevoll um mich. Es schien, als ob ich schwebte, soviel Liebe durchströmte mich.

„Dies ist, um Dich eben fühlen zu lassen, was wahre Liebe ist, damit Du das auch in Deinem alltäglichen Leben wiedererkennen kannst“, flüsterte der Engel leise in mein Ohr. „Tschüß, lieber Schatz, geh nun mal, ich wünsche Dir noch ein schönes Leben.“

Laß all Deine Erwartungen los und stehe voller Vertrauen
offen für alles, was sich ankündigt.

8

Loslassen und Vertrauen

Langsam stand ich auf und setzte meinen Spaziergang fort. Ich war noch ganz in Gedanken versunken, als ich schon wieder bei dem nächsten Bänkchen ankam. Da saβ wiederum ein Engel, der auf mich wartete. Diesmal war es ein etwas älterer Mann, der aussah wie ein Mönch. Er klopfte freundlich auf das Plätzchen neben sich als Zeichen, daß ich mich zu ihm setzen sollte. Er hatte noch nichts gesagt und ich fühlte auch kein Bedürfnis zu reden. So saβen wir da einige Zeit und schauten zusammen schweigend auf das Wasser.

Dann begann er auf einmal zu sprechen. „Ich erzähle Dir etwas über Loslassen und Vertrauen. Dies ist eines der schwierigsten Dinge, die Du als Mensch auf Erden lernen darfst. Loslassen ist, die Fäden aus den eigenen Händen an das Universum abzugeben und darauf zu vertrauen, daß alles, was kommt, gut ist. Der Weg zur Erleuchtung wird nicht so sehr gekennzeichnet durch das, was Du lernst und zu Dir nimmst, sondern besonders durch das, was Du verlernst und losläßt. Deswegen ist es wichtig, daß Du all Deine Erwartungen losläβt und voller Vertrauen offenstehst für alles, was sich ankündigt. Wenn Du versuchst loszulassen, kann es sich anfühlen, als ob Du umherirrst in einer Art Niemandsland und dies kann zu Unruhe führen.

Du hast etwas losgelassen, aber da hat sich noch nichts Neues angekündigt. Du hast eine Tür geschlossen und da hat sich noch keine andere Tür aufgetan. Dies ist manchmal schwierig und erfordert viel Vertrauen. Wenn Du loslassen kannst, gibt das ein befreiendes Gefühl. Du strampelst fleißig im Wasser herum, um Deinen Kopf über Wasser zu halten, bis Du wirklich nicht mehr kannst. Dann läßt Du los und Du merkst, daß Du ruhig mit dem Strom mittreibst.

Oft ist es schwierig, Ängste, Ärger, Schmerz, Scham, Schuldgefühle oder alte Muster, die nicht mehr zu Dir passen, loszulassen, um stattdessen im Lebensprozeß mitzufließen. Deinem Lebensprozeß. Du denkst über Dein Leben nach und willst alles bis ins Detail geregelt haben. Und wenn das Eine oder Andere eben anders verläuft, als Du selbst gedacht hast, wirst Du oft böse. Oder Du verstrickst Dich ganz in Deine Gefühle, weil Du jemandem nicht vergeben kannst. Aber vielleicht hast Du Zuhause gerade mit dieser Person abgesprochen, eine Weile zusammen umherzuziehen, wonach jeder wieder seinen eigenen Weg gehen wird. Menschen halten gerne am Alten fest, weil sie Angst haben vor dem, was stattdessen kommen wird. Sie haben gerne die Kontrolle und haben Angst vor dem Unbekannten."

„Ja", sagte ich, „das erkenne ich vollkommen. Ich finde es auch oft schwierig, Dinge loszulassen und einfach darauf zu vertrauen, daß alles gut ist. Ich denke dann doch oft, daß ich es selbst besser

weiβ als das Universum. Daß ich das alles selbst organisieren muß. Und wenn ich es loslasse, daß ich es dann aufgebe oder so. Es erscheint mir herrlich, alles loslassen zu können und ganz auf das Universum zu vertrauen und auf das, was kommen wird. Aber auch entsetzlich schwierig!"

„Es ist nicht so schwierig, wie Du denkst. Das ist nur so in Deinem Kopf. Weiβt Du, Aufgeben bedeutet nicht grundsätzlich, daß Du schwach bist. Manchmal bedeutet es, daß Du gerade stark genug bist, um loslassen zu können. Es ist einfach eine Frage des Sich-Trauens, es zu tun. Aber ich höre Dich schon denken: Wie soll ich das machen? Sehr wichtig ist es, um loslassen zu können, daß Du Dir erstmal darüber bewuβt wirst, warum Du zum Beispiel Angst hast, warum Dich etwas verletzt oder traurig macht, warum Du Dich selbst nicht gut genug findest, warum Dich etwas böse macht und so weiter. Aber wie Du inzwischen gelernt hast, ist es immer Deine Entscheidung, wie Du auf etwas reagierst. Du bestimmst Deine Reaktion selbst. Deine Gedanken über etwas bestimmen, wie Du Dich fühlst. Fühlt es sich nicht gut an, dann setze es direkt um in einen positiven Gedanken und laß den negativen direkt los. Das heiβt also, daß Deine Gedanken bestimmen, wie Du fühlst und wie Du loslä βt.
Manche Menschen suhlen sich in ihrer Trauer oder ihrem Ärger durch etwas, was ihnen in der Vergangenheit angetan wurde. Tagein, tagaus, jahrein, jahraus. Und weiβt Du, warum sie das tun? Sie haben einfach Angst loszulassen, denn sie wissen, was sie jetzt haben, aber nicht, was geschieht, wenn sie loslassen. Das ist es, was es so schwierig macht. Die Angst vor dem, was dann kommt.

Meine Empfehlung ist, mal zu entspannen und sich zurückzulehnen. Laβ Dich führen von der liebevollen Kraft des Universums, wenn Du Kummer oder Schmerzen hast oder ein gigantisches Problem lösen mußt oder eine schwierige Wahl zu treffen hast. Gebe dem Universum die Chance, Dich so zu führen, daß alles auf seinen Platz fällt. Vertraue auf das Universum. Tu, was Du zu tun hast, genieβe und lebe und habe Vertrauen darauf, daß da ein Universum ist, das Dich führt.
Versuche deshalb, alles loszulassen, was nicht zu Dir gehört und was Dich stört und was Dich beeinträchtigt. Gebe Dich selbst hin. Wenn Du Dich traust, Dich hinzugeben, dann kann alles in Wahrheit zu Dir kommen.

Laß alles los in vollem Vertrauen und Du wirst immer mehr bewuβt sein. Plane so wenig wie möglich und fließe mit dem Strom. Folge ganz Deiner Intuition.

Zwischen dem Loslassen und Vertrauen gibt es einen kurzen Moment der Leere. Ein Moment, der sich augenblicklich füllt mit allerlei Gedanken über das Unbekannte, das Unsichere, das kommen wird. Diese Gedanken säen Zweifel und Angst. Wird es mir gelingen? Kann ich das wohl? Das einzige, was Du dagegen tun kannst, ist, diesen kurzen Moment von Leere mit Vertrauen zu füllen. Vertrauen, daß alles, was Dir geschieht, etwas zu Deinem Wachstum und Deiner Entwicklung beiträgt. Ob Du das im Augenblick durchschaust oder nicht.

Wenn Du das Vertrauen nicht entwickelst, bleibst Du stecken in der Angst und ziehst Dich selbst wieder zurück ins Alte."
„Ich verstehe, daß das Letzte sehr wichtig ist. Daß nichts umsonst

passiert, daß alles einen Grund hat und daß Du Dich als Seele dafür auch selbst entschieden hast. Um gerade diese Erfahrung haben zu können und dadurch wachsen zu können. Wenn Du dies gut verstehst, denke ich, daß Loslassen und Vertrauen ein Stück einfacher sein werden."

„Da hast Du völlig Recht. Dann brauchst Du auch nie mehr Angst zu haben loszulassen und Du hast von selbst völliges Vertrauen dazu, daß es gut gehen wird.

Wenn Du gut loslassen kannst, entsteht da von allein mehr Freiraum in Deinen Gedanken. Wenn Du Probleme oder Kummer hast, kannst Du selbst diese Emotionen loslassen. Alles Negative kannst Du loslassen über Deine Gedanken. Wenn Du etwas Negatives losläßt, wirst Du merken, daß Du danach nicht mehr so verletzlich bist. Das kommt, weil Du die negativen Gefühle dazu losgelassen hast. Dadurch kreierst Du auch mehr Raum für Dich selbst, mehr Ruhe in Dir selbst und Du bekommst auch mehr Selbstvertrauen. Du machst also alles selbst mit Deiner eigenen Gedankenkraft. Niemand kann Dir Schmerz oder Kummer zufügen, wenn Du dies selbst nicht zuläßt. Wenn eine Tür zugeht, geht doch immer wieder eine andere Tür für Dich auf. Loslassen ist nötig für Deine negativen Probleme wie Angst, Kummer, Verletzbarkeit, aber am meisten für Deine negativen Gedanken. Du läßt dies selbst zu, weil Du denkst, keine Kontrolle darüber zu haben. Hole vor allem das Positive aus etwas heraus und nicht nur das Negative. Glaube immer an Deine eigene Kraft.

Durch Loslassen und Vertrauen schenkt man Liebe und man öffnet sich, um Liebe zu empfangen. Vertrauen ist eine neue Lebenseinstellung, die Platz für Universelle Liebe bietet.

Das Leben straft nicht, das Leben überrascht nur. Vertrauen ist essentiell, um auf dem Weg zu bleiben und das einzige Ziel Deines Bestehens zu suchen: die Heimkehr nach Hause. Du kannst darauf vertrauen, daß die großen Veränderungen, die auch in Deinem Leben stattfinden werden, gut sind, einem Ziel dienen und Dich dahin bringen werden, wofür Du Dich als Seele entschieden hast, als Du auf die Erde kamst."

Ich wurde ganz froh von diesen Worten. Ich fand es immer ganz schwierig, loszulassen und darauf zu vertrauen, daß alles gut werden würde. Gerne habe ich immer selbst die Fäden in der Hand. Aber jetzt verstand ich, daß ich hierdurch meinem inneren Wachstum im Wege stand. Darum fühlte es sich auch nicht gut an, wenn ich etwas festhalten wollte, was für mich eigentlich nicht mehr wichtig war. Ich hatte die Botschaft gut verstanden und nahm mir vor, dies für immer in mein Gedächtnis einzupflanzen.

Der Mönch war inzwischen aufgestanden und stand jetzt mit einem breiten Lächeln vor mir. Er faltete seine Hände vor seiner Brust und machte eine tiefe Verbeugung. „Ich finde es ganz hervorragend, daß Du diese Tour entlang aller Bänke machst. Auch das ist eine Frage des Vertrauens und Deine Angst loszulassen. Ich finde das ganz mutig von Dir."

Er nickte mir noch einmal zu und spazierte dann ruhig wieder in den Wald hinein. Es ließ mich eben still werden. So hatte ich das noch nicht gesehen. Ich hatte in der Tat einfach voller Vertrauen dieses Abenteuer begonnen, weil ich fühlte, daß es für mich sehr gut sein würde. Und wie war ich froh, daß ich dies getan hatte. Ich lernte soviel von all diesen lieben Engeln. Ich wußte, daß mein Leben hiernach nie mehr das Gleiche sein würde. Ich hatte mich nämlich getraut, mein altes Leben loszulassen.

Dankbarkeit ist der
Schlüssel zum Glück.

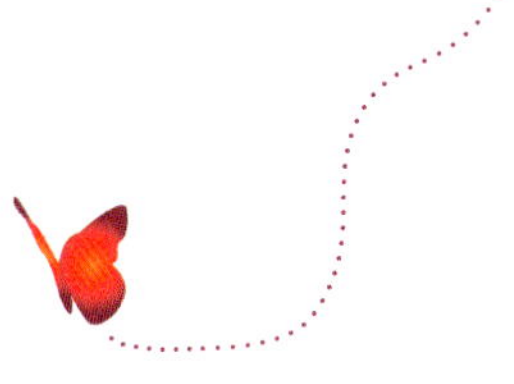

9
Dankbarkeit

Als ich wieder bei der nächsten Bank ankam, sah ich dort einen Engel mit geschlossenen Augen sitzen. Er hatte ein freudiges Lächeln auf den Lippen und genoß merklich irgendetwas. Es war ein hübscher Engel mit langem, blonden Haar und er hatte ein bezauberndes Kleid an. Es erstaunte mich immer wieder, wie unterschiedlich die Engel waren, die ich treffen durfte. Ganz still setzte ich mich neben ihn und wartete auf das, was kommen würde. Nach einer Weile öffnete er seine Augen und schaute mich lächelnd an.

„Was hast Du gerade getan?“, fragte ich neugierig.

„Ich war dabei, alles zu genießen, was so um mich herum ist“, antwortete der Engel.

„Aber warum hattest Du dann Deine Augen geschlossen?“, fragte ich erstaunt.

„Weil ich dabei war, all die Energien um mich herum zu genießen, und dafür habe ich meine Augen nicht nötig. Versuche es auch einmal.“

Ich schloß meine Augen und sofort fühlte ich einen Strom liebevoller Energie durch mich hindurchfließen. Was war das für ein herrliches Gefühl! Ich blieb mucksmäuschenstill sitzen, um dies so lange wie möglich genießen zu können. Als ich meine Augen wieder öffnete, sah ich, wie der Engel dasaß und mich liebevoll anschaute.

„Was Du gerade gefühlt hast, ist die Energie von Zuhause. Du kannst hiermit immer in Kontakt gehen. Du brauchst nur Deine Augen zu schließen und daran zu denken. Sie ist nämlich sehr nah. Näher als Du denkst."
„Wie beeindruckend!", sagte ich verblüfft. „ Ich wußte nicht, daß es so einfach ist." Und ich fühlte mich auf einmal unglaublich dankbar, daß ich dies einfach so erfahren durfte.
Der Engel sah, was mit mir geschah, und sagte: „Das ist jetzt auch genau das, worüber ich Dir etwas erzählen werde. Nämlich über Dankbarkeit. Diese ist sehr wichtig in Eurem Leben und dies wird leider zu oft vergessen. Weißt Du, daß Menschen, die dankbar sind, glücklicher sind als Menschen, die nicht an das denken, was sie haben? Dankbare Menschen sind aufmerksamer, enthusiastischer, optimistischer und voller Tatendrang.
Eine schöne Art, dankbar zu sein, ist, Deine Segnungen zu zählen. Oft denkst Du mehr über das nach, was Du nicht hast, als über das, was Du doch hast. Wenn Du jeden Morgen, wenn Du aufstehst, all Deine Segnungen zählst, entwickelst Du sehr schnell ein Gefühl der Dankbarkeit. Du hast genug, um dafür dankbar zu sein: für Deine Augen, mit denen Du alles sehen kannst, sauberes Trinkwasser, Deine Begabungen, Deinen Körper, Deine Familie, und führe das mal so fort.
Sei jeden Morgen während des Zähneputzens, Duschens oder Haarekämmens dankbar für mindestens fünf Dinge. Versuche jeden Tag wahre Dankbarkeit zu fühlen. Sei dankbar für all das

Schöne, das Du hast, das in Deinen Möglichkeiten liegt, und vergiß, was außerhalb davon liegt. Fühle Deine Dankbarkeit als eine Art innerer Wärme. Du wirst dadurch glücklicher werden. Dankbare Menschen leben im Hier und Jetzt. Sie begreifen, daß jetzt etwas da ist, um dafür dankbar zu sein. Sie sind nicht beschäftigt mit später oder morgen. Dadurch sind sie oft ruhiger und glücklicher. Sie können die kleinen Dinge mehr genießen und haben Achtung vor allem, was sie im Moment haben, können und erleben."

„Ja", sagte ich, „ich weiß, daß Dankbarkeit sehr wichtig ist, aber wie praktiziere ich das in meinem Alltagsleben? Ich vergesse es leider so oft."
„Eigentlich ist es ganz einfach. Du kannst Dich dafür entscheiden, regelmäßig eben aufzuschreiben, wofür Du dankbar bist. Mache das beispielsweise jeden Tag oder jede Woche. Kreiere so Dein eigenes Dankbarkeitstagebuch. Wenn Du für Dich selbst aufschreibst, wofür Du dankbar bist, „zwingst" Du Dich selbst, Deine Gedanken zu strukturieren. Mache es zu einer Gewohnheit, regelmäßig zu Dir selbst zu kommen und dankbar zu sein. Dies kann im Auto, während der wöchentlichen Einkäufe, beim Mittagessen, unter der Dusche oder vor dem Schlafengehen sein. Wenn Du regelmäßig Deine Aufmerksamkeit auf die Gegenwart richtest und Dankbarkeit fühlst, wird Dein Leben direkt leichter, schöner und netter werden. Auf lange Sicht wirst Du weniger unter Streß und negativen Gefühlen leiden. Du wirst wirklich glücklicher, wenn Du Deine Dankbarkeit äußerst. Es ist egal, wie Du sie ausdrückst. Sei glücklich mit dem Sonnenuntergang, Deinen Kindern, dem leckeren Essen und so weiter. Laß Menschen wissen, daß Du sie achtest, und zähle Deine Segnungen auf. Tue dies

regelmäßig und tue es mit Gefühl.
Natürlich ist es nicht immer einfach, immer für alles dankbar zu sein. Wenn Du beispielsweise etwas Ärgerliches erlebt hast, bist Du wahrscheinlich alles andere als dankbar. Versuche trotzdem, in Allem das Gute zu sehen, auch wenn es sehr schwierig ist.
Und weißt Du, was geschieht, wenn Du Dankbarkeit zeigst? Du wirst erwachen und eine total andere Welt sehen. Es verändert Deine Sichtweise auf Dein eigenes Leben. Probleme werden Herausforderungen. Du weißt, daß alle Probleme immer aufgelöst werden können. Es verändert negative Emotionen in positive Emotionen. Bist Du böse oder traurig, dann wirst Du die Emotionen leichter verändern können. Du bist glücklicher, andere wollen mehr in Deiner Gegenwart sein und Dich unterstützen und Du wirst mit jedem Tag dankbarer.

Wenn Du depressiv bist und Dich dem Selbstmitleid hingibst, ist Dankbarkeit die beste Art, Deine Lebenslust wiederherzustellen. Überlege, schreibe auf und spreche aus, wofür Du alles dankbar bist. Halte nichts zurück. Ganz schnell wirst Du Dir bewußt, daß Dein Tag gefüllt ist mit Segnungen und Wundern, was Dir auch weiter geschieht."

Ich hatte gut zugehört und saugte die Informationen, die dieser liebe Engel mir gab, auf wie ein Schwamm. Ich fühlte, daß das alles sehr wichtig war, was er mir über Dankbarkeit erzählte. Ich wußte, daß es ein großer Beitrag an mein Lebensglück sein könnte, wenn ich seinem guten Rat Folge leisten würde. Aber der Engel hatte noch mehr zu erzählen und fuhr fort.

„Aber weißt Du, Schatz, es ist auch sehr wichtig, daß Du für das dankbar sein kannst, was mit anderen geschieht. Dein Ego hat oft die Angewohnheit zu klagen, wenn anderen etwas Schönes widerfährt. Das kommt, weil Menschen oft neidisch sind oder sich minderwertig fühlen, wenn jemand anderes etwas bekommt, das sie selbst gerne hätten.

Aber merke Dir gut, daß es nie auf Deine Kosten geht, wenn jemand anderem etwas Schönes widerfährt. Das Glück eines anderen kann nur zu Deinem Lebensglück beitragen. Ihr tut so, als ob da nur ein bestimmter Vorrat an Liebe, Geld und Segnungen im Universum sei und als ob Deine Chancen kleiner würden, wenn jemand anderem etwas Schönes geschieht.
Das Gegenteil ist der Fall! Dankbarkeit hat eine magische Anziehungskraft auf Liebe und Glück. Gerade so, wie eine Biene dem Honig nicht widerstehen kann, können Glück und Liebe einem dankbaren Herzen nicht widerstehen. Sobald Du Deine

Aufmerksamkeit auf das richtest, wofür Du am meisten dankbar bist, kommen Liebe und Glück von selbst in Dein Leben. Dankbarkeit ist da, sobald Du mit all Deiner Aufmerksamkeit im Hier und Jetzt bist und wirklich Dein ganzes Wesen dafür öffnest zu erfahren, was da ist. Selbst so etwas Einfaches wie eine schöne Blume kann ein Gefühl von Dankbarkeit hervorrufen. Sobald Du Dir eben die Zeit nimmst, gut nach den Dingen um Dich herum zu schauen, wirst Du von selbst dankbar.

Richte Deine Aufmerksamkeit einfach mal auf diesen Moment und öffne Dein Herz, öffne Deine Augen und Ohren und Dein ganzes Wesen für das, was da alles Hier und Jetzt schon ist. Alles, was Du in Deinem Leben erlebst, stellt eine Möglichkeit dar, Dankbarkeit zu fühlen. Die Dankbarkeit ist augenblicklich da, sobald Du Dir Zeit nimmst, Dein Herz zu öffnen und dem Leben zu danken!
Erst wenn Du dies vollkommen umarmen kannst und akzeptierst, was da ist, ohne daran etwas verändern oder verbessern zu wollen, also wenn Du das Leben genauso sein läßt, wie es ist, fließt Du über vor Dankbarkeit und fühlst Du die Liebe und das Glück überall. Ein dankbares Herz bekommt meist noch mehr, um dafür dankbar zu sein, denn Dankbarkeit wirkt wie ein Magnet.

Ein undankbares Herz dagegen begibt sich in eine Abwärtsspirale von Defizit und Mangel und sieht schon bald nichts anderes mehr als das, was nicht da ist, das, was fehlt. Wenn Du Dich auf das konzentrierst, was fehlt, kreierst Du noch mehr Mangel. Aber wenn Du Dich auf Deine Segnungen konzentrierst, ziehst Du noch mehr Segnungen auf Dich. Dies ist nun einmal ein universelles Gesetz.

Merke Dir, daß Dankbarkeit eine Entscheidungsmöglichkeit ist. Du kannst Dich immer und überall dazu entschließen. Sobald Du dem Leben dankst, wirst Du überströmt von dem Gefühl, ein gesegneter Mensch zu sein.

So, dies ist, was ich Dir gerne auf Deinen Lebensweg mitgeben würde. Ich hoffe, daß Du davon etwas hast und daß Du es gebrauchen wirst. Es wird Dich ganz sicher GlückSelig machen!“

Wieder fühlte ich eine enorme Dankbarkeit durch mich hindurchströmen. Nicht nur für diesen Engel, sondern für all die lieben Engel, die ich auf dieser Reise treffen durfte, und all die weisen Lektionen, die sie mich gelehrt hatten. Ich war aufrichtig dankbar, daß ich dies alles erleben und erfahren durfte, und plötzlich liefen die Tränen über meine Wangen. Aber es waren Tränen des Glücks und der Dankbarkeit! Ich stand auf und nahm Abschied von dem Engel. Ich wußte nicht, wieviele Bänke noch kommen würden, aber ich hatte das Gefühl, daß das Ende meines Rundgangs um den Teich näherkam. Ich fand das zwar traurig, aber ich konnte, ehrlich gesagt, auch kaum abwarten, alles, was ich jetzt schon gelernt hatte, in die Praxis umzusetzen. Ich hatte zum ersten Mal wieder echt Lust aufs Leben!

Sterben ist wie das Ausziehen
eines zu engen Schuhs.

10
Die Rückkehr nach Hause

Nachdem ich eine Zeit lang gelaufen war, war in der Ferne schon wieder die nächste Bank. Ich sah, daß dort schon jemand saß, der mir zuwinkte. Ich war noch zu weit weg, um erkennen zu können, wer es war, aber ich winkte fröhlich zurück. Als ich näherkam, überschlug sich mein Herz vor Freude. Dort auf der Bank saß mein geliebter Vater, der vor einiger Zeit gestorben war! Ich hatte schon häufiger Kontakt zu ihm gehabt und er half mir immer, wenn ich es schwer hatte. Was war ich glücklich, ihn hier zu sehen. Ich begann zu rennen und als ich bei der Bank ankam, fielen wir uns lachend in die Arme.

„Was machst Du jetzt hier?", fragte ich ihn erstaunt.
Er lachte und sagte: „Damit hast Du nicht gerechnet, daß Du mich hier treffen wirst, was! Es ist die vorletzte Bank, die Du antreffen wirst, und ich bin hier als Überraschung für Dich."
„Nun, die ist gut gelungen!", sagte ich voller Freude. „Ich bin so froh, Dich zu sehen. Und was wirst Du mir alles erzählen? Welche weisen Lektionen darf ich von Dir empfangen? Ich bin sehr gespannt!"

Nachdem wir uns gemütlich auf die Bank gesetzt hatten, hielt mein Vater meine Hand fest und begann mit seiner Geschichte. „Ich darf Dir etwas über die Heimkehr nach Hause erzählen. Du weißt, daß die meisten Menschen sich nicht wirklich mit dem Tod beschäftigen. Es ist noch oft ein großes Tabu. Aber Euer Leben hat sozusagen an beiden Seiten eine Tür. Eine durch die Du hineinkommst, wenn Du geboren wirst, und eine andere am Ende Deines irdischen Lebens nach dem Tod. Für alles, was mit der Geburt von Menschen zu tun hat, gibt es auf der Erde viel Aufmerksamkeit. Die Geburt wird immer groß gefeiert. Das ist selbstverständlich. Auch wenn es oft mit Schmerzen verbunden ist und nicht immer flott verläuft, es bleibt ein freudiges Ereignis. Aber mit dem Ende des Lebens wollen Menschen oft nichts zu tun haben. Sie drehen der Tür den Rücken zu und wollen es zumeist nicht sehen.

So kommt es, daß Menschen, wenn es dann soweit ist, eigentlich gar nicht vorbereitet sind. Die meisten denken nicht über das Leben nach aus der Perspektive des Todes. Aber wenn Du das Leben als eine Schule sehen würdest, daß Du hier bist, um Deine Lektionen zu lernen und Erfahrungen zu sammeln, dann ist der Tod das allerletzte Examen. Du kannst diesem Test sorglos und achtlos gegenübertreten und die Dinge einfach geschehen lassen, aber Du kannst auch beschließen, jeden Tag so oft wie möglich Dein Bestes zu tun, damit Du Dein letztes Examen bestehen wirst. Das bedeutet in diesem Fall nicht, daß Du nach dem meisten Besitz, der meisten Macht oder dem größten Erfolg streben mußt. Wenn es um Dein letztes Examen geht, dann wirst Du beurteilt anhand der Liebe, die Du gegeben hast, wieviel Du anderen geholfen hast, in welchem Maß Du Deine Lebenslektionen

gelernt hast und wie dankbar Du gewesen bist für alles, was das Universum Dir gegeben hat. Wichtig ist zu wissen, daß diese Beurteilung von Dir selbst erfolgen wird.

Da ist also niemand anderes, der Dir eine Note erteilt für Dein Leben. Du machst das ganz und gar selbst!
Versuche also so zu leben, daß Du stolz sein kannst, wenn Dein Übergang naht. Vergiß nicht, daß intensiv zu leben nicht bedeutet, daß Du einfach nur jeden Tag genießt, auch wenn das sicher möglich ist. Es bedeutet, daß Du so gut wie möglich lebst und das Beste von Dir selbst gibst, daß Du Liebe gibst und von anderen empfängst und daß Du wichtig für sie bist. Daß Du Dich so verhältst, daß Du diese Erde ohne Reue verlassen kannst, in dem Bewußtsein, daß Du getan hast, was Du konntest und daß Du alles gegeben hast. Wenn Du so lebst, wird Dein Übergang nach Hause ein festliches Ereignis werden."

„Ja, ich weiß, daß es herrlich ist, wieder nach Hause zurückzugehen. Ich kann mich noch an so viele Dinge von Zuhause erinnern. Aber da ist auch noch ganz viel, was ich nicht weiß", seufzte ich.
„Deswegen darfst Du mich nun alles fragen, was für Dich noch nicht ganz deutlich ist. Es ist nämlich sehr wichtig, daß Du die Dinge gut begreifst. Dies wird Dir nicht nur helfen während Deiner Rückkehr nach Hause, sondern auch bei Deinem Leben hier auf Erden. Also dann, leg mal los!"

„Gut, ich möchte sehr gerne wissen, was passiert, nachdem jemand verstorben ist. Ich habe während Deines Sterbens sehen dürfen, wie Du Dich von Deinem Körper gelöst hast und in Richtung eines Lichts geschwebt bist und ganz und gar davon

aufgenommen wurdest. Das war sehr schön und besonders, aber was geschah da dann eigentlich?"
„Ich werde Dir mal erzählen, was da alles passiert, wenn Du stirbst. In dem Moment, wenn Deine Seele sich von Deinem Körper loslöst, fühlst Du Dich immer leichter werden und wie von selbst verläßt Du dann Deinen Körper. Du kannst Deinen Körper dann einfach liegen sehen. Das ist meistens ein ergreifender Moment.

Oft ist da auch das Bedürfnis, dem Körper zu danken. Dann schaust Du mal um Dich herum und meist sind da geliebte Menschen, die schon verstorben sind, um Dich willkommen zu heißen und Dich nach Hause zu begleiten. Sie werden versuchen, Dich auf ein Licht hinzuweisen. Der eine sieht das Licht direkt und beim anderen dauert es etwas länger. Manchmal kann es auch sehr lange dauern, bevor eine Seele das Licht sieht, und das nennen wir dann die erdgebundenen Seelen. Diese Seelen finden es sehr schwierig, ihr Leben auf der Erde loszulassen, und weigern sich einfach, das Licht zu sehen. Aber wie lange es auch dauert, es wird immer ein Moment kommen, in dem eine Seele das Licht sieht, mit oder ohne Hilfe.

Es ist von Bedeutung zu wissen, daß Du, wenn Du stirbst, dasselbe Bewußtsein behältst wie während Deines Lebens. Was Du während Deines Lebens glaubst, ist das erste, was Du erfahren wirst. Auch wenn das die Hölle ist oder wenn Du denkst, daß da nichts ist nach dem Tod. Diese Phase dauert genauso lang wie bis Du das Licht siehst. Beim einen ist das innerhalb von Sekunden und der andere hat mehr Mühe damit. Während dieser Erfahrungen ist immer Hilfe von Zuhause anwesend, aber eine Seele muß es letztendlich doch wohl selbst tun. Wenn Du

das Licht einmal gesehen hast, dann wirst Du wie von einem Magneten davon angezogen und gelangst in eine Art Tunnel.
Erst einmal im Tunnel angekommen, schießt Du plötzlich mit enormer Geschwindigkeit voraus. Du siehst dann auch das Licht immer größer werden. Das Licht ist die Energieschwingung von Zuhause. Daher wirst Du auch wie von selbst davon angezogen. Die Reise durch den Tunnel ist notwendig, um das niedrige Schwingungsniveau, das Du auf der Erde hattest, wieder zu erhöhen und anzupassen an die Energieschwingung von Zuhause. Dies muß eine Seele ganz alleine erledigen. Einmal am Ende des Tunnels angekommen, siehst Du nur noch das Licht. Es ist der Eingang nach Hause.

Du fühlst ein enormes Bedürfnis, in dieses Licht hineinzutreten. In dem Moment, wenn Du das tust, ist Deine Schwingung wieder vollständig angepaßt, so daß Du mit der Energie von Zuhause wieder zurechtkommst. Kannst Du dem ein wenig folgen?"
Ich hatte atemlos zugehört und die nächste Frage sprudelte schon wieder aus mir heraus: „Ja, ich verstehe es und es scheint mir eine tolle Erfahrung zu sein. Also eigentlich brauchst Du ganz und gar keine Angst vor dem Tod zu haben. Es ist kurzweg eine Rückkehr nach Hause. Zu dem Ort, wo Du eigentlich herkommst! Aber was passiert dann, nachdem Du durch den Tunnel gegangen und in das Licht getreten bist?", fragte ich neugierig.

„So wie ich schon sagte, bist Du, wenn Du in das Licht getreten bist, wieder vollständig an die Schwingung von Zuhause angepaßt. Das Licht, in das Du hineintrittst, ist also in Wirklichkeit die Pforte nach Hause. Wenn Du da hindurch gegangen bist, dann bist Du wieder Zuhause und was Du dann sehen wirst, ist wirklich überwältigend. Die Natur ist dort wunderschön und die Farben und Düfte sind viel intensiver als auf der Erde. Dies kommt, weil alles von reiner, liebevoller, göttlicher Energie durchtränkt ist. Oft stehen auch Deine geliebten Menschen da und erwarten Dich und das ist ein fantastisches Wiedersehen. Jeder ist glücklich und fröhlich, weil Du wieder Zuhause bist.

Manchmal ist Dein Leben oder Dein Sterbeprozeß so schwer gewesen, daß Du erst Zeit nötig hast, um auszuruhen und wieder zu Dir zu kommen. Du wirst dann in eine wunderschöne Umgebung gebracht. Es ist ein Sanatorium, wo Du genesen kannst; ein großartiges, weißes Gebäude mit goldenen Kuppeln und umgeben von herrlichen Gärten voller schöner Blumen und heilender Kräuter. Eigentlich gehen alle Seelen hierher, um wieder zu sich zu kommen, wenn sie gerade zurückgekehrt sind von der Erde, aber meistens erst kurz nachdem sie die festliche Wiedervereinigung mit ihren Lieben mitgemacht haben. So wie ich schon sagte, manchmal ist eine Seele nicht direkt fähig zu einer Wiedervereinigung.

Dann wird sie ihre Lieben erst später treffen. Wie lange eine Seele an diesem Erholungsort bleibt, hängt davon ab, wie schwer ihr Leben auf der Erde gewesen ist und wie der Sterbeprozeß verlaufen ist. Manchmal hat eine Seele eine ziemliche Zeit nötig, um wieder zu genesen und sich aufzuladen, um mit ihrem neuen Leben Zuhause zu beginnen.
Du bist in dem Sanatorium umgeben von liebevollen und sorgsamen Seelen, die sich dafür entschieden haben, die Seelen, die gerade von der Erde zurückgekehrt sind, liebevoll zu pflegen. Während dieser Zeit bleibst Du in einem eigenen Zimmer mit

einem Bett und einer Kuppel goldenen Lichts darum herum. Das Licht ist eine spezielle heilende Energie. Wenn Du darin liegst, dann wirst Du wieder vollkommen mit der starken Energie von Zuhause aufgeladen. So kommst Du wieder ganz zu Dir selbst, so daß Du erfrischt und voller Energie weiter kannst. Zwischendurch kannst Du in den üppigen Gärten spazierengehen und Dich auch dort von den schönen Farben und Düften der besonderen und heilenden Blumen aufladen lassen."

„Und dann", fragte ich, „was geschieht, wenn Du dazu bereit bist, mit Deinem Leben Zuhause zu beginnen?"
„Wenn Du soweit bist, dann wirst Du abgeholt von Deinem geistigen Führer, der während der gesamten Zeit regelmäßig bei Dir gewesen ist. Zusammen geht Ihr zu einem anderen Gebäude. Das ist eine Art Kino. Hier bekommen alle Seelen ihren Lebensfilm zu sehen. Alles, was Du getan und mitgemacht hast während Deines Lebens auf der Erde, wirst Du hier wiedersehen. Aber dies geschieht nicht auf eine einfache Art. Du wirst alles auf unterschiedlichen Niveaus noch einmal erleben. Du wirst nicht nur fühlen, wie dies alles für Dich gewesen ist, sondern auch für all diejenigen, die eine Rolle gespielt haben in dem Ereignis Deines Lebens, das Du in diesem Moment sehen wirst. Dies ist nötig, um für Dich selbst eine Übersicht zu bekommen, wie Du Dein Leben auf der Erde gelebt hast und welchen Einfluß alles gehabt hat.

Nicht nur auf Dich, sondern auch auf jeden, der daran beteiligt war. Hiervon kannst Du sehr viel lernen und so Dein Leben auf der Erde auf eine gute Weise abschließen.
Danach gehst Du mit Deinem Führer auf die Suche nach einem Ort, wo Du wohnen möchtest. Du darfst ihn ganz selbst bestim-

men, auch wie Dein Wohnraum aussehen wird. Dann gehst Du eine Weile auf Untersuchungstour, um zu schauen, wie das Leben Zuhause aussieht.
Nach einer Weile suchst Du mit Deinem Führer zusammen aus, welche Aufgabe Du übernehmen willst, jetzt, wo Du wieder Zuhause bist. Das kann wirklich alles Mögliche sein. Du kannst beispielsweise Seelen helfen, die zurückkehren nach Hause, im Sanatorium arbeiten oder in der Kindersphäre. Du kannst Dich auch dafür entscheiden, für die Blumen und Pflanzen zu sorgen, oder dafür, ein Führer zu sein für eine Seele, die noch auf der Erde lebt. Wir können nämlich von Zuhause sehr aktiv teilnehmen an der Entwicklung von jedem, der noch auf der Erde bleibt. Die Möglichkeiten sind wirklich nicht zu zählen und Du wirst von selbst das auswählen, was am besten zu Dir paßt. Dies ist in groben Zügen das, was passiert, nachdem Deine Seele den Körper verlassen hat. Ich hoffe, daß nun alles etwas deutlicher für Dich geworden ist."

„Das ist es sicher, aber da ist noch ein Ding, das ich mich schon immer gefragt habe. Ist jede Seele immer bei ihrer eigenen Beerdigung anwesend?"
„Nicht jede Seele, aber wohl die meisten. Manchmal ist es für eine Seele zu schwer, den Kummer der Hinterbliebenen ansehen zu müssen. Sie kann das in dem Moment nicht ertragen. Aber meistens möchte eine Seele gerade dann dabei sein und versucht, ihre Lieben zu trösten. Manchmal fühlen die das auch, wenn sie dafür geöffnet sind."
„Ja, das erkenne ich wohl. Ich habe häufig auf einer Beerdigung das Gefühl, daß der Verstorbene anwesend ist. Das hatte ich auch bei Dir. Also habe ich mir das nicht eingebildet?"

„Nein, mein Mädchen, das hast Du Dir nicht eingebildet.
Ich will Dir noch eben Folgendes mitgeben, was sehr wichtig ist zu wissen. Wenn Du Zuhause, bevor Du geboren wirst in einem Körper, einen Lebensplan machst, bestimmst Du auch, wie lange Du leben wirst. Die meisten Menschen entscheiden sich für ein langes Leben, weil sie lange bei ihren Kindern und anderen Lieben bleiben wollen. Andere Menschen beschließen jedoch, kürzer zu leben, entweder weil sie keine Ewigkeit auf der Erde sein wollen oder weil sie nur eine kurze Lektion zu lernen haben. Aber Du hast einen freien Willen und Du kannst Dich jederzeit dafür entscheiden, nach Hause zurückzukehren oder länger oder kürzer auf der Erde zu bleiben, als Du ursprünglich gedacht hast. Niemand stirbt ohne seine Zustimmung auf Seelenniveau.
So, nun ist es wieder Zeit für uns, Abschied zu nehmen. Aber Du weißt, daß ich immer bei Dir bin und daß Du mich immer um Hilfe bitten darfst. Also dies ist nur ein vorübergehender Abschied."
„Ja, das weiß ich. Ich bin so glücklich und dankbar, daß ich Dich jetzt eben habe wiedersehen dürfen. Und ich finde es herrlich zu wissen, daß Du immer für mich da sein wirst. Dankeschön!"
„Ich fand es auch sehr schön, Schatz. Geh jetzt mal schnell zur letzten Bank, denn da wartet noch eine große Überraschung auf Dich. Viel Vergnügen!"

Wir umarmten uns noch einmal und dann machte ich mich wieder auf den Weg. Ich war sehr gespannt, was mich noch erwartete.

Es ist nur eine Person hier auf Erden
verantwortlich für Dein Glück
und das bist Du selbst!

11
GlückSelig

Als ich eine Zeit gegangen war, sah ich, daß ich fast wieder bei der ersten Bank angelangt war. Ich hatte also scheinbar eine ganze Runde um den Weiher gemacht. Zu meiner großen Freude saß Feline da und wartete schon auf mich. Ich setzte mich neben sie. Sie nahm meine beiden Hände und sah mich lächelnd an.
„So, bist Du wieder da? Und wie war Deine Reise, bist Du etwas weiser dadurch geworden?"
„Oh ja", antwortete ich froh. „Ich habe so viel gelernt von all den lieben Engeln. Ich kann es beinahe nicht fassen!"
„Wie schön für Dich, Schatz. Möchtest Du mir etwas darüber erzählen? Ich bin ganz gespannt!"
„Oje, ich weiß eigentlich gar nicht, wo ich anfangen soll. Ich habe so viel Schönes empfangen dürfen. Aber ich werde versuchen, es ein wenig für Dich zusammenzufassen." Und ich begann zu erzählen.

„Wenn Du mich jetzt fragen würdest, wer ich wirklich bin, dann würde ich sagen: Ich bin Liebe und Licht. Ich bin eine wunderschöne Seele und mein Körper ist das Transportmittel hier auf der Erde, mit dessen Hilfe ich alle besonderen Erfahrungen sammeln kann und darf, für die ich mich als Seele entschieden habe.

Ich habe gelernt, daß es sehr wichtig ist zu versuchen, soviel wie möglich im Hier und Jetzt zu leben, so daß die schönen Dinge im Leben nicht an Dir vorüberziehen. Du erlebst das Leben dann viel intensiver und kannst es auch viel mehr genießen.
So bleibst Du auch näher bei Dir selbst und Du kommst leichter dahinter, was Deine Passion ist und woher Du Deine Inspiration bekommst. Du hast dann mehr Spaß am Leben und kannst alles voller Energie tun. Wenn Du etwas mit Passion tust, dann erkennst Du, daß es eigentlich von selbst geht.
Eine sehr wichtige Lektion fand ich, daß es viel einfacher sein wird, Deine Passion zu finden und Inspiration zu empfangen, wenn Du Dich für die Hilfe von Zuhause öffnest. Sowohl Deine Führer als auch die Engel werden alles dafür tun, Dich zu inspirieren und Dir zu helfen, Deine Passion zu finden.
Der Engel, der den größten Eindruck auf mich gemacht hat, war derjenige, der mir etwas erzählt hat über die Wahlmöglichkeit zwischen Angst und Liebe. Er hat mich erfahren lassen, daß Du, wenn Du aus Deiner Angst heraustreten kannst, von selbst in der Liebe ankommst, und daß Du immer selbst die Entscheidung treffen kannst! Das hat mir so die Augen geöffnet.
Auch habe ich gelernt, wie wichtig es ist, loslassen und vertrauen zu können. Also die Fäden aus den Händen ans Universum abzugeben und darauf zu vertrauen, daß alles, was kommt, gut ist, auch wenn Du das in dem Moment vielleicht noch nicht so siehst. Nichts geschieht umsonst und alles hat einen Grund. Du hast Dich als Seele auch selbst dafür entschieden, gerade diese

Erfahrung zu machen und dadurch wachsen zu können. Auch wenn Du das mit Deinem Menschenverstand manchmal nicht begreifen kannst. Ich sehe nun auch ein, wie wichtig es ist, dankbar zu sein und meine Segnungen aufzuzählen. Es macht Dich glücklicher. Dankbare Menschen leben im Hier und Jetzt. Sie sind sich bewußt, daß da jetzt etwas ist, um dafür dankbar zu sein. Sie sind nicht beschäftigt mit später oder morgen. Sie können die kleinen Dinge mehr genießen und haben Achtung vor allem, was sie in dem Moment haben und erleben.

Wofür ich sehr dankbar bin, ist, daß ich meinen lieben Vater eben wieder habe treffen dürfen und daß er mir so viel erzählt hat über Zuhause. Das war so beeindruckend. Das werde ich nie mehr vergessen!"

Feline hatte schmunzelnd neben mir gesessen und zugehört und ich sah, daß sie ganz und gar zu strahlen begann.
„Wie schön, daß Du all diese weisen Lektionen so gut aufgenommen hast. Ich bin doch so stolz auf Dich. Denkst Du, daß Du jetzt, wo Du dies alles weißt, das Leben etwas mehr genießen kannst? Daß es Dir helfen kann, auch hier auf Erden GlückSelig zu sein, lieber Schatz?"
„Nun, das weiß ich ganz sicher. Ich habe so viel von all den lieben Engeln empfangen dürfen. Ich habe selbst wieder Lust aufs Leben. Ich fühle auch, daß es sehr wichtig ist, all diese Weisheiten mit so vielen Menschen wie möglich zu teilen. So daß auch sie sich wieder erinnern können, wer sie wirklich sind und woher sie eigentlich kommen. Vielleicht kann es ihnen auch helfen, GlückSelig zu sein. Natürlich wird es nicht immer einfach sein, alle Lektionen gut zu befolgen, und es wird wohl auch noch Kummer

und Schmerz da sein, aber auch damit wird man dann, denke ich, wieder etwas einfacher umgehen. Ich weiß nun, daß ich trotz meiner Erinnerungen an Zuhause und meinem Heimweh danach doch mein Leben hier auf Erden in vollen Zügen genießen und GlückSelig sein kann. Also hier auf Erden genauso glücklich sein kann wie Zuhause!

Ich freue mich jetzt sogar wirklich auf den Rest meines Lebens. Wenn ich hierüber nachdenke, dann ist es eigentlich gar nicht so, daß ich mich hier auf der Erde nicht zuhause fühlte, denn die Erde selbst ist ein wunderbarer Planet. Es war eher, daß ich mich nicht zuhause fühlte in der Gesellschaft und der niedrigen Energie, die manche Menschen um sich haben.

Jetzt weiß ich, wie ich besser damit umgehen kann und wie ich dies auch umlenken kann in meine eigene Energie. Und auch, daß ich mich selbst nicht so ernst nehmen muß.
Das Leben ist eigentlich nur ein Spiel, das Du auf der Erde spielst. Nicht mehr und nicht weniger. Du mußt nichts tun, um erleuchtet zu sein. Du bist es nämlich schon. Es gibt nur eine Person hier auf Erden, die verantwortlich ist für Dein Glück und das bist Du selbst!“
Völlig verdutzt schaute ich Feline an. Wo kam das nun auf einmal alles her? Ich mußte ein bißchen darüber lachen.

Feline schaute mich an und sagte: „Ja, lieber Schatz, das passiert, wenn Du mit Deinem Höheren Selbst in Verbindung stehst. Der Teil von Dir kann Dir helfen, diese Weisheiten nach oben zu holen. Die Weisheiten stecken nämlich immer in Dir selbst. Weißt Du noch, daß Deine Seelenenergie, wenn Du als Seele auf

die Erde gehst, so groß ist, daß diese niemals in einen menschlichen Körper paßt? Ein Teil davon bleibt deswegen Zuhause. Aber Du kannst wohl immer damit in Verbindung gehen und um Rat fragen. Dieser Teil wird das Höhere Selbst genannt. Kannst Du Dich noch daran erinnern? Du kannst es vergleichen mit Deiner Intuition oder Deiner inneren Stimme. Deine innere Stimme ist also eigentlich die Stimme Deines Höheren Selbst. Deshalb ist es so wichtig, soviel wie möglich darauf zu hören. Dieser Teil von Dir hat nämlich eine viel bessere Übersicht, weil er alles von Zuhause aus betrachten kann. Aber Du triffst immer selbst Deine Entscheidungen, ob Du darauf hören willst oder nicht. In diesem Moment können menschliche Körper immer mehr von ihrem Höheren Selbst beherbergen, so daß sie noch vollständiger hier auf Erden sein können und noch mehr die Energie von Zuhause ausstrahlen können. Dein Höheres Selbst wird immer mehr integriert in Deinen Körper. Deine Zellen breiten sich aus und das ist das, was man Erleuchtung nennt. In dem Moment wird die Vibrationsfrequenz jedes Körpers erhöht.

Dies geschieht, um der beschleunigten Erdvibration zu folgen. Dies bedeutet nicht, daß Du Dich über Tag schneller bewegst oder daß es hektischer für Dich wird oder daß Du Dich mehr beeilen mußt. Es bedeutet, daß Du weniger stofflich wirst und sensibler für die höheren, feineren Schwingungen von Zuhause. Du hast gerade völlig in Verbindung gestanden mit Deinem Höheren Selbst und Du siehst, welche schönen Worte dann aus Dir kommen."

„Es war wohl ein wenig seltsam, muß ich sagen. Gerade so, als ob es jemand anderes sagte."

„Ja, so fühlt es sich am Anfang an, aber je mehr Du das übst, desto vertrauter wird es sich anfühlen. Du bist es nämlich wirklich selbst. Du wirst immer vollständiger. Und weißt Du, Schatz, Du wirst merken, in dem Maße, wie Du mehr Liebe und Licht ausstrahlst, werden andere dies auch wiederspiegeln. Gönne Dir selbst dann auch jeden Tag die Zeit zu lachen und zu genießen. Oft nehmen Menschen das Leben so ernst, daß sie vergessen, wie es war, sich unbesorgt und wie als Kind zu fühlen. Lache über das Leben!“

Feline stand auf und sagte: „So, dann ist es nun an der Zeit, Abschied zu nehmen und mit Deinem „neuen“ Leben zu beginnen. Versuche alles, was Du heute gelernt hast, so viel wie möglich anzuwenden, und Du wirst merken, daß Du ganz anders im Leben stehen wirst.
Heute ist der erste Tag vom Rest Deines Lebens.
Was wirst Du daraus machen?
Fülle den Rucksack Deiner Seele mit Lebenslust und genieße diese!“
Sie umarmte mich noch eben fest und weg war sie.

Ich schaute noch einmal über den besonderen Weiher und begann danach, ruhig durch den schönen Wald wieder nach Hause zu gehen.

Ich fühlte mich unheimlich dankbar für alles, was ich hatte erleben dürfen, und dankte all den lieben Engeln in Gedanken von ganzem Herzen.

Ich fühlte mich das erste Mal in meinem Leben echt GlückSelig!!!

Nachricht von meinem geistigen Führer Charion

Ihr Lieben,

Ich weiβ, daß viele von Euch oft ein Gefühl von Heimweh nach Hause haben und sich auf der Erde manchmal sehr einsam fühlen. Darüber möchte ich Euch jetzt gerne etwas erzählen.
Als Seele hast Du abgesprochen, daß Du in dem Moment, in dem Du in Deinen Körper eintrittst, einen Schleier des Vergessens vorbindest, so daß Du alles vergiβt von Zuhause. Aber doch hat jeder bestimmte Erinnerungen an Zuhause. Bei dem einen sind diese minimal und bei dem anderen etwas umfangreicher.
Je mehr Du am Vergröβern Deines Bewuβtseins arbeitest, also je mehr Du versuchst, Dich wieder zu erinnern, wer Du wirklich bist, desto öfter wirst Du diese Art von Gefühlen haben. Es ist ein Heimweh nach Hause, dorthin, wo Du herkommst. Gerade so, wie Du Heimweh nach Hause haben kannst, wenn Du in den Ferien bist. Das ist also das, was manchmal bei vielen von Euch geschieht und das ist gar nicht fremd. Es ist gerade positiv, weil es bedeutet, daß Du auf dem richtigen Weg bist und als Seele am Wachsen bist.

Was ich jetzt sagen werde, ist sehr wichtig, also höre gut zu. Ich darf Dir jetzt erzählen, daß jeder, der dieses Buch in die Hände bekommen hat, sich dafür entschieden hat, ein menschlicher Engel zu sein. In diesem Moment sind viele menschliche Engel auf der Erde und Du bist einer davon.

Dies hört sich vielleicht sehr anziehend an, aber es ist oft gar nicht so einfach und es ist harte Arbeit, so wie Du vielleicht schon erfahren hast. Aber Du stehst nie alleine damit da. Wenn Du Dich dafür öffnest, wirst Du merken, daß Du von Zuhause alle Hilfe und Liebe bekommen wirst, die Du nötig hast.

Ich möchte Dich darum bitten, jetzt Deine Flügel auszubreiten und Dein liebevolles Licht zu verbreiten über die Welt um Dich herum. Und dieses meine ich buchstäblich. Trete in Deine Kraft und die Engel hier werden Dich bis in große Höhen heben. Sie sind nämlich sehr froh über Deine Hilfe und über die aller anderen lieben Seelen, die sich auch dafür entschieden haben, ein menschlicher Engel zu sein. Wenn Du Deine Flügel ausbreitest, dann wirst Du Liebe und Licht verbreiten über alles und jeden, mit dem Du in Berührung kommst. Das ist die Aufgabe der menschlichen Engel auf Erden. Wir können dafür von hier aus nur stolz und dankbar sein, daß wir Zeugen davon sein dürfen.

Aber Ihr Lieben, wenn Ihr in Eure Kraft tretet, dann geht Ihr auch durch einen Prozeß hindurch, den wir hier „Wachstumsschmerz" nennen. Du gehst dann durch etwas hindurch, was sehr essentiell für Dich ist. Du kannst hiergegen am Anfang einen großen Widerstand fühlen, aber in dem Moment, wenn Du diesen losläßt, schießt Du wie ein Pfeil nach vorne. Du kannst es vergleichen mit

einer Armbrust. Erst spannst Du den Bogen an, indem Du den Bogenstrang nach hinten ziehst, dann läßt Du los und der Pfeil schießt mit einer enormen Geschwindigkeit nach vorne.

Sei deshalb während dieser schwierigen Momente dankbar für diesen Wachstumsprozeß und laß den Widerstand los.

Ihr seid oft sehr feinfühlige Personen. Es ist oft sehr schwierig für jemand Feinfühligen, in der groben Energie der Erde leben zu müssen. Aber es ist wichtig, daß Du weißt, daß Du auf der Erde sehr gebraucht wirst. Seelen wie Du, die soviel Licht zu bringen haben, sind in dieser Periode auf der Erde unentbehrlich. Du darfst gerade deshalb bewußt Dein strahlendes Licht nach außen bringen als Gegenstück zu aller Negativität, die da nun herrscht auf Erden.

Versuche dieser negativen Energie so wenig wie möglich Aufmerksamkeit zu schenken und bleibe in Deiner Kraft. Von da aus kannst Du dann wieder Liebe und Licht ausstrahlen auf diejenigen, die es brauchen. Das ist eine der wichtigsten Aufgaben dieser Zeit.

Ich weiß auch, daß es nicht immer gleich schön ist, Dich als Seele immer mehr zu erinnern, wer Du wirklich bist und wo Du eigentlich herkommst. Auf der einen Seite ist das sehr schön, aber es macht es auch schwieriger, auf der Erde zu sein und in einem menschlichen Körper zu stecken mit allen Schwierigkeiten, die dazugehören. Versuche deshalb, soviel wie möglich Zuhause auf Erden zu kreieren, so daß Du kein Heimweh mehr haben mußt. Eine sehr wichtige Weise dies umzusetzen ist, in Deine Passion

zu gehen. Dadurch das zu tun, wofür Du Dich entschieden hast, bevor Du auf die Erde gegangen bist.

Jede Seele hat ein bestimmtes Ziel vor Augen, was sie auf der Erde erfahren und teilen will mit anderen Seelen. Das kann vieles sein. Es müssen wirklich nicht immer große Dinge sein, wenn Du es nur mit Deinem ganzen Herzen und Deiner Seele tust und da soviel wie möglich Liebe hineinsteckst. Du machst dies dann mit soviel Freude, daß Dein Herz davon aufgeht, und dadurch strahlst Du Liebe aus, die andere Herzen wiederum berühren kann.

Das ist nun genau das Ziel des „Spiels" auf Erden: soviel wie möglich Liebe und Licht zu verbreiten und lernen zu lieben. Nicht nur Andere zu lieben, sondern auch Dich selbst zu lieben. Eigentlich weiß jeder auf der Erde dies wohl auf einer tieferen Ebene, aber bei vielen Menschen ist der Schleier des Vergessens noch sehr dick und sie können sich nicht mehr an Zuhause erinnern. Deshalb wäre es gut, wenn diejenigen, die sich wohl daran erinnern wie Du, dies soviel wie möglich nach außen tragen und es ausstrahlen. Hierdurch können viele Herzen berührt werden und letztendlich kann jeder durch den Schleier hindurchschauen.

Und dann, Ihr Lieben, dann kreiert Ihr Zuhause auf Erden!

Ich wünsche Dir ganz viel Liebe und Licht auf Deinem Weg und erinnere Dich daran, daß Du nie alleine bist!

Namasté,

Charion

Manchmal ist das Nicht-Bekommen, was Du willst,
das Beste, das Dir passieren kann.

Anlagen

Mehr Information über Marie-Claire

Marie-Claire van der Bruggen (1969) ist die niederländische Autorin der sechs Bestseller: Das Märchen vom Tod, GlückSelig, Licht & Liebe, Die Rückkehr nach Hause, Besuch im Himmel und Spirituelle Sterbebegleitung. Sie folgte einer zweijährigen Ausbildung in Sterbebegleitung und durfte ganz vielen Menschen helfen mit dem betritt nach Hause.

Sie war sich als Kind schon einer Welt bewußt, die andere nicht wahrnehmen konnten und in der sie sich außerordentlich wohlfühlte. Hier auf der Erde fühlte sie sich nicht sehr zuhause und hatte oft eine seltsame Art von Heimweh nach etwas, das sie nicht gut in Worte fassen konnte. Langsam, aber sicher fand sie nach langer Suche und mit Hilfe ihres geistigen Führers Charion Antwort auf viele ihrer Lebensfragen.

Es ist ihr Wunsch, mit ihren Erfahrungen Menschen zu inspirieren, sich zu Er-Innern, wer sie wirklich sind und wo sie eigentlich herkommen. Daß sie mehr sind als nur ein Körper. Auch findet sie es wichtig, die Angst rund um den Tod und das Sterben wegzunehmen. Sie hofft, dies zu realisieren durch ihre Bücher, Kurse und Workshops. Mit groβer Freude gibt sie auch Vorträge im In- und Ausland.

Mehr Information über Marie-Claire, ihre Aktivitäten und Bücher findest Du auf www.gluckselig.nl.

E-Kursus Er-Innern

Persönliche und Intuitive Entwicklung

Dieser Kursus besteht aus zehn inspirierenden Lektionen und basiert auch auf dem Buch *GlückSelig.* Diese Lektionen bekommst Du nach und nach über E-Mail zugeschickt. Zu jedem Thema gibt es eine geleitete Meditation, die durch mich selbst gesprochen ist. Neben einigen Basiskenntnissen wird der Kursus größtenteils gehen über das Er-Innern, wer Du wirklich bist und wo Du eigentlich herkommst.

Die Lektionen aus diesem Kursus sind eine Vertiefung der Themen aus all meinen Büchern. Es ist also kein Standardkursus intuitiver Entwicklung. Es geht ein Stück tiefer. Du bearbeitest wirklich Deine eigenen Themen. Das wird Dein Vertrauen in das Leben stärken und Dir weiterhelfen bei Deiner eigenen persönlichen Entwicklung.

Der E-Kursus besteht aus folgenden zehn Lektionen:

1. Er-Innern, wer Du wirklich bist
2. Gedanken Im Hier-und-Jetzt sein
3. Passion und Inspiration
4. Kontakt mit Deinem geistigen Führer
5. Wählen zwischen Angst und Liebe
6. Die Kraft der
7. Loslassen und Vertrauen
8. Dankbarkeit
9. Die Heimkehr nach Hause
10. Feier Dein Leben!

Mehr Informationen hierüber findest Du auf www.gluckselig.nl.

E-Kursus Spirituelle Sterbebegleitung

- Von Seele zu Seele -

Das Sterben ist eine der wichtigsten Phasen des Lebens. In dem Moment, wenn ein Mensch erfährt, dass er sterben wird, ist plötzlich nichts mehr, wie es war. Nicht nur geistig und körperlich, sondern sicher auch auf Seelenniveau. Was geschieht eigentlich auf Seelenniveau während des Sterbeprozesses und was ist wichtig, hierbei zu tun oder auch zu lassen, betrachtet aus Sicht der Seele.

Der rote Faden dieses E-Kursusses ist meine Überzeugung, dass wir mehr als nur ein Körper sind. Ich möchte den Menschen gerne dabei helfen, sich daran zu Er-innern, wer sie wirklich sind. Dass der Tod nicht das Ende ist, sondern eine Rückkehr dorthin, wo wir eigentlich herkommen. Mir ist es vor allem sehr wichtig, zu versuchen einen Großteil der Angst vor dem Sterben und dem Tod zu nehmen. Mit diesem Kursus möchte ich gerne mein Wissen weitergeben und anderen zeigen, wie sie Sterbende auf Seelenniveau auf eine angenehme und würdevolle Art und Weise beim Übertritt nach Hause begleiten können.

Der Kursus besteht aus zehn Lektionen. Diese Lektionen bekommen Sie als E-Mail zugesandt. Zu jeder Lektion gibt es auch eine geführte Meditation oder einen kleinen informativen Film. Sie können zu jeder Zeit beginnen.

Mehr Informationen hierüber findest Du auf www.gluckselig.nl.

Andere Bücher von Marie-Claire

Das Märchen vom Tod ist die inspirierende Geschichte einer kleinen Seele, die sich zum allerersten Mal auf die Reise zur Erde macht. In dem Buch wird beschrieben, welche Vorbereitungen dafür getroffen werden müssen und wie es für eine Seele ist, in einem menschlichen Körper geboren zu werden; wie das Leben auf der Erde durch die Augen einer Seele erfahren wird und schließlich wie eine Seele den Tod erlebt beziehungsweise die Rückkehr nach Hause.

Das alles wird auf klare und einfache Art erzählt. Die kleine Seele nimmt Dich mit auf ihr großes Abenteuer. Es ist eine wundersame Reise, durch die Du vielleicht wieder entdeckst, wer Du wirklich bist und woher Du eigentlich kommst. Und auch, daß Du keine Angst vor dem Tod haben mußt. Es ist eigentlich ein Märchen … Von diesem Buch wurden inzwischen schon mehr als 40.000 Exemplare verkauft. Das Buch wurde auch ins Englische und Deutsche übersetzt.

Licht & Liebe findest Du überall. In Dir und um Dich herum. Manchmal ist es schwierig, sie zu sehen und zu erfahren, aber sie sind immer da.

Dieses Buch von Marie-Claire van der Bruggen wird Dein Leben bereichern. Es hilft Dir, Dich an das zu Er-Innern, was Du tief im Innern schon

weißt, aber vergessen hast. Denn alles, was Du in diesem Buch liest, weißt Du auf Seelenniveau tatsächlich alles schon. Darin stehen wunderbare Weisheiten für jeden, der auf der Suche ist nach einem erfüllten und glücklichen Leben. Du wirst während des Lesens oft ein Gefühl des Wiedererkennens erfahren. Das ist dann Dein eigenes Inneres Wissen, das erwacht, und das kann Dir ganz viel Freude und ein Glücksgefühl geben. Es wird Dich als Seele wachsen lassen und Dir helfen, zu Dir selbst nach Hause zu kommen.

Die Rückkehr nach Hause das fünfte Buch von Marie-Claire van der Bruggen ist ein ermutigendes Buch, das Dir helfen kann, Dich wieder zu Er-Innern wer Du wirklich bist und wo Du eigentlich herkommst. Sie sagt selbst folgendes dazu: „Jeder hat Jugenderinnerungen. Ich natürlich auch, aber die meinen gehen ein ganzes Stück weiter zurück und diese möchte ich in diesem Buch gerne mit Euch teilen. Ich kann mich nämlich noch glasklar an das Sterben in meinem vorigen Leben erinnern, die Rückkehr nach Hause (wie ich das nenne), den Aufenthalt dort, die Entscheidung für dieses Leben, das Eintreten in diesen Körper und das Geborenwerden. Aufgrund dieser Erinnerungen und manch anderer besonderer Erfahrungen weiß ich, daß der Tod nicht wirklich existiert. Er ist gewissermaßen der Übergang in eine andere Dimension. Du gehst sozusagen wieder zurück an den Ort, von dem Du eigentlich herkommst.

In diesem Buch wirst Du entdecken, was auf Seelenniveau alles mit Dir geschieht, wenn Du den irdischen Körper losgelassen hast und wieder nach Hause zurückkehrst. Was erwartet Dich da alles und wie sieht das „Leben" dort aus. Das Buch ist in gewisser Hinsicht ein Reiseführer für Deine Seele. Ich hoffe hiermit Menschen die Angst vor dem Sterben und dem Tod nehmen zu dürfen und sich dessen bewußt werden zu lassen, daß Liebe ewig währt und uns für immer verbindet. Liebe endet nicht mit dem Tod!

Bei vielen Dingen, die Du lesen wirst, wird Dich ein Gefühl des Wiedererkennens ergreifen und dann wirst Du erkennen, daß Du dies alles schon lange weißt. Du wirst Dich wieder der Dinge erinnern, die Du tief in Deinem Innern schon immer wußtest, denn Deine Seele hat sie niemals vergessen.

Und das ist die wahre Rückkehr nach Hause......"

In ihrem Buch *Besuch im Himmel* lässt Marie-Claire van der Bruggen die letzten Lebenstage ihres Vaters noch einmal aufleben.
Im Moment des Todes ihres Vaters bildet sich eine Brücke zwischen dieser und der anderen Welt, die sie in die Lage versetzt, den Übergang als ein berührendes und dankbares Erlebnis zu erfahren.

Nach einiger Zeit kommen Marie-Claire und ihr Vater wieder miteinander in Kontakt. In einer Reihe von Gesprächen, die sich zwischen ihnen entfalten, bekommen wir mehr Deutlichkeit über alles, was während unseres Sterbens mit uns geschieht und wie es nach unserem Tod für uns weitergeht.

Das Sterben ist einer der wichtigsten Phasen im Leben. In dem Moment, in dem jemand erfährt, dass er sterben wird, ändert sich plötzlich alles. Nicht nur körperlich und geistig, sondern sicherlich auch auf seelischer Ebene. Aber was passiert eigentlich während des Sterbeprozesses und danach? Und was ist wichtig, dabei zu tun, aber ebenso zu lassen, aus der Perspektive der Seele.

Der rote Faden in diesem Buch *Spirituelle Sterbebegeleitung* ist meine Überzeugung, dass wir sind als nur ein Körper. Ich möchte den Menschen helfen, sich daran zu erinnern, wer sie wirklich sind, dass der Tod nicht das Ende ist, sondern eine Rückkehr dorthin, wo wir eigentlich herkommen. Ich halte es für besonders wichtig, zu versuchen, so viel Angst wie möglich vor dem Sterben und dem Tod zu nehmen, und auch anderen beizubringen, Sterbende auf der Seelenebene auf schöne und wertvolle Weise mit dem Übergang nach Hause zu begleiten.

Dieses Buch richtet sich an alle, die mehr über spirituelle Sterbebegleitung, den Sterbeprozess und das, was nach dem Tod geschieht, erfahren möchten. Aber eigentlich ist es wichtige Information für jeden, denn früher oder später wird jeder Mensch mit dem Sterben von anderen und schließlich auch mit seinem eigenen Sterben konfrontiert sein…

Zu den behandelten Themen gehören unter anderem: Was braucht ein Sterbender, was passiert auf der Seelenebene wenn wir sterben und danach, Kinder und Tod, unterstützende Ressourcen, Kommunikation und einfühlsames Zuhören, Abschiedsrituale, palliative Sedierung, Euthanasie, die letzte Pflege und Trauer.

Ich hoffe, dass dieses Buch Ihnen hilft, liebevoll von Seele zu Seele mit Sterben und dem Tod umzugehen!